인생이
잠들기
전에

쓰는

말

믿음이란 한 알의 밀알이 땅에 떨어져 죽음으로 많은 열매를 맺음과 같이 진리의 열매를 위하여
스스로 죽는 것을 뜻합니다. 눈으로 볼 수는 없으나 영원히 살아 있는 진리와 목숨을 맞바꾸는 자들을
우리는 믿는 이라고 부릅니다. 「믿음의 글들」은 평생, 혹은 가장 귀한 순간에 진리를 위하여 죽거나
죽기를 결단하는 참 믿는 이들의, 참 믿는 이들을 위한, 참 믿음의 글들입니다.

인생이   박인조
잠들기
전에

쓰는

말

추천사

육신의 죽음은 결국 모든 인간이 직면해야 할
현실이지만, 우리는 너무 쉽게 자신뿐 아니라 사랑하는
사람들의 죽음을 마치 존재하지 않는 것처럼 여기며 살고
있다. 그러나 육신의 죽음은 결코 외면할 수 없는 현실이다.
이 책은 위대한 신앙인물들이 지나간 마지막 순간을
조명하면서 그들이 남긴 삶에 대한 감동을 나누고 있다.
요즘처럼 죽음의 그림자가 널리 편만한 시기에, 각자에게
주어진 오늘을 감사하면서 삶의 옷깃을 경건함으로 여미게
하는 이 책을 모든 이들에게 권한다.

박보경 교수(장로회신학대학교 선교신학)

박인조 목사님의 책《인생이 잠들기 전에 쓰는 말》은
이 땅에서 삶의 종착역인 '죽음'에 대한 기독교 신앙고백을
감동적으로 소개하고 있다. 세계교회사에 뚜렷한 발자취를
남긴 18인 성도들의 죽음 묵상은 '오늘 나는 어떤 죽음을
맞이할 것인가', '사랑하는 사람들에게 어떤 신앙의 유언을
남길 것인가'를 숙고하게 만든다. 죽음 묵상은 삶의 깊이와
무게를 되돌아보게 만든다.

박태현 교수(총신대학교 목회신학전문대학원 실천신학)

인생의 마지막 순간에 보이는 태도는 그 사람이
평생 어떻게 살아왔는지를 보여 주는 상징인 경우가 많다.
《인생이 잠들기 전에 쓰는 말》은 존경받는 인물들의
마지막 순간을 통해 우리가 앞으로 어떻게 현재를 살아야
하는지 그리고 인생의 마지막 순간을 어떻게 맞이해야
하는지 모델을 보여 주는 책이다. 이 책을 읽는 순간마다
각 인물들이 남긴 마지막 말들이 독자들의 삶에 스며들어
현재를 의미 있게 살아가게 하는 영적, 심리적 자원이 될
것이다. 삶에 대해 다시 한번 진지하고 의미 있게 살고자
하는 분들, 목회자, 병원목회자, 상담자 등에게 적극
추천한다.

유영권 교수 (연세대학교 연합신학대학원 상담코칭학)

일러두기
본문의 성경 구절은 개역개정판을 사용했습니다.

펴내며

인생이 잠드는 그 순간, 바라는 마음은 지난 삶을 후회하며 아쉬움의 한숨을 쉬거나 얼굴을 찡그리며 누군가를 원망하지 않았으면 합니다. 하나님이 부르시는 것이 확실한데도 좀 더 살겠다고 주변 사람들을 힘들게 하지도 않았으면 좋겠습니다. 지금까지의 삶에 대해 하나님과 소중한 사람들에게 감사하고, 믿음의 고백을 담아 천국을 사모하는 모습으로 기억되었으면 하는 바람입니다.

여호와는 나의 목자시니

내게 부족함이 없으리로다 시 23:1

2020년 12월 에덴낙원에서

박인준

차례

잠들지 않는 말 두 번째. 소망

잠들지 않는 말 세 번째. 사랑

잠들지
않는 말

첫 번째

감사

그리스도를 위한 삶에 만족한

장 칼뱅

믿는 자들에게 모든 것 되시는

그리스도를 위해 살다가 죽으니

부족함이 없습니다.

프랑스 출신의 종교개혁자 장 칼뱅(Jean Calvin, 1509-1564)은 마르틴 루터와 츠빙글리Huldrych Zwingli에 의해 본격적으로 시작된 종교개혁을 완성한 인물입니다. 로마 교황청이 아닌 성경의 권위 그리고 선행이 아닌 믿음으로 구원에 이르다는 칼뱅의 신학 사상은 '오직 성경으로' Sola Scriptura, '오직 그리스도로' Solus Christus, '오직 은혜로' Sola Gratia, '오직 믿음으로' Sola Fide, '오직 하나님께 영광을' Soli Deo Gloria을 특징으로 합니다.

칼뱅은 젊은 시절 신학 교육과 함께 아버지의 권유로 오를레앙대학교 법학대학에 진학합니다. 라틴어와 그리스어를 배우고 인문주의 영향을 받아 스토아 철학자 세네카의 저작에 대한 주석과 해석을 다룬 논문을 발표합니다.

후에 프랑스 정부와 가톨릭의 박해를 피해 간 스위스 제네바에서 파렐Guillaume Farel을 만나고 그의 권유로 제네바에 머물며 성경적인 도시와 교회 건설에 헌신합니다. 하지만 결국 제네바 시의회와 시민들에 의해 추방됩니다. 1538년 스트라스부르로 이주 후, 프랑스 피난민을 위한 교회를 세워 설교와 강의를 맡게 되는데 여기서 종교 개혁자 마르틴 부처Martin Bucer를 만납니다. 1539년에는 1536년에 라틴어로 초판을 낸 대표 저서 《기독교 강요》Institutes of the Christian Religion 증보판을 출간하고, 이후 《로마서 주석》을 집필합니다.

1540년 이델레트와 결혼하고 1541년에 제네바로 다시 돌아오는데, 이때 교회 법령을 정비합니다. 그리고 제네바에 흑사병이 일어났을 때 아내와 아들을 잃습니다. 이후 여러 설교집을 펴내고 1559년에 《기독교 강요》 최종판을 출간합니다. 1563년부터 건강이 회복할 수 없을 정도로 악화되다 1564년 5월 27일, 하나님의 부름을 받습니다.

〈장 칼뱅의 초상화〉(아리 쉐퍼, 1858년)

장 칼뱅은 죽기 20여 일 전,

동료 파렐에게 보낸 편지에서 자신이

앞둔 죽음을 생각하며 이렇게 마지막

인사를 전합니다.[1]

"1564년 5월 2일 제네바에서

파렐에게. 작별을 고합니다. 나의

가장 귀하고 고결한 친구여, 믿는 자들에게 모든 것 되시는 그리스도를 위해 살다가 죽으니 부족함이 없습니다. 다시 한번 그대와 형제들에게 작별을 고합니다. 안녕." 이후 죽음을 앞두고 있을 때, 자신을 찾아온 제네바 목회자와 교회 지도자들에게 자신이 죽은 후에도 낙담하지 말고 하던 일에 몰두할 것을 권면합니다. 그리고 1564년 5월 27일 저녁에 하나님의 부름을 받고, 다음 날인 주일 오후 2시에 그가 늘 요청하던 대로 나무 관에 몸을 의탁하고 일반 묘지에 안장됩니다.

사랑하는 이의 죽음이 몰고 온 슬픔

칼뱅은 생애에서 사랑하는 이들의 죽음을 여러 차례
겪었습니다. 6세 때 어머니 잔이 죽고, 이후 자녀와 아내를
먼저 보내는 아픔도 겪습니다.

　　1542년 아내 이델레트 사이에서 아들 자크가
태어나는데, 조산된 상태로 태어나 2주 만에 죽습니다.
아들을 잃었을 때의 마음을 칼뱅은 친구 비레P. Viretus에게
보낸 편지에서 이렇게 전합니다.[2]

　　"주께서 어린 아들의 죽음을 통해 내게 가혹하고
비통한 고통을 안겨 주셨다네. 그러나 하나님은 곧 우리의
아버지시며, 자녀들에게 가장 좋은 길이 무엇인지 알고
계시다는 것을 확신하네."

　　자녀의 죽음을 마주해야 하는 것은 부모의 가장
큰 고통입니다. 집안 구석구석에 남겨진 아이의 흔적과
문득문득 떠오르는 아이와 관련된 기억의 조각들은 소중한
추억이지만 담아 두기 어려운 아픔입니다. 그럼에도 칼뱅은
그것까지도 하나님의 섭리로 인정했습니다.

　　그리고 7년 후인 1549년에 아내 이델레트가
죽습니다. 아내와 아들 외에도 사랑하던 이들의 죽음을
여러 번 마주하는데, 그 슬픔과 고통이 자신의 생애가
죽음에 둘러싸여 있다고 고백할 정도로 컸다고 합니다. 그럴
때면 고통스럽고 슬픈 마음을 편지에 기록해 친구들에게
보냈습니다. 아내가 죽었을 때 비레에게 보낸 편지에는
이렇게 적었습니다.[3]

　　"내가 얼마나 마음이 여리고 약한지 자네도 알 걸세.

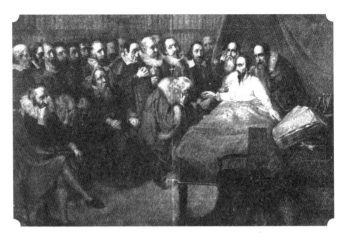

〈제네바에서 장 칼뱅의 죽음〉(조셉 호눙, 19세기)

주께서 내게 강력한 자제심을 주시지 않았다면 이렇게
오랫동안 버틸 수 없었을 걸세. 내 슬픔은 그 누구와도
나눌 수 없는 것이었어. 나는 내 생애의 동반자를 잃었다네.
하나님이 허락하셨더라면 노년과 죽음까지도 함께했을 가장
친한 친구를 떠나보냈지. 그녀는 이 세상에 있는 동안 내
모든 사역에 신실한 조력자였어."

이제 칼뱅 자신이 죽음을 앞두고 있을 때, 자신을
찾아온 제네바 목회자와 교회 지도자들에게 자신이 죽은
후에도 낙담하지 말고 하던 일에 몰두할 것을 권면합니다.
바울이 예루살렘으로 향하기에 앞서 마지막으로 얼굴을
보는 것이 될지도 모를 에베소 장로들을 향해 권면하던 것과
같이요.

바울이 밀레도에서 사람을 에베소로 보내어 교회 장로들을
청하니 … 보라 이제 나는 성령에 매여 예루살렘으로 가는데

거기서 무슨 일을 당할는지 알지 못하노라 … 지금 내가
여러분을 주와 및 그 은혜의 말씀에 부탁하노니 그 말씀이
여러분을 능히 튼튼히 세우사 거룩하게 하심을 입은 모든 자
가운데 기업이 있게 하시리라 … 이 말을 한 후 무릎을 꿇고 그
모든 사람들과 함께 기도하니 다 크게 울며 바울의 목을 안고
입을 맞추고 다시 그 얼굴을 보지 못하리라 한 말로 말미암아
더욱 근심하고 배에까지 그를 전송하니라 행 20:17-38

죽음까지도 주관하시는 하나님

인간은 죽음에 대해서만 아니라, 죽을 운명 그 자체에
대해서도 잊고 산다고 칼뱅은 말합니다. 마치 죽음이 내게는
전혀 미치지 못할 것처럼 말이지요. 그는 이 땅에서 영원히
살 것처럼 살면서 인생의 허망함을 애써 회피하려는 인간의
나약한 성향을 지적하는데, 이것이 죽음을 대하는 인간의
일반적인 모습입니다. 하지만 그리스도인은 그렇지 않다며
이렇게 말합니다.[4]

"자, 이 한 가지는 분명히 정해진 사실로 인정하도록
해야겠다. 곧 죽음과 마지막 부활의 날을 기쁨으로 사모하지
못하는 사람은 그리스도의 학교에서 별로 자라지 못한
사람이라는 사실 말이다."

헤르만 셀더하위스Herman Selderhuis는 칼뱅에게 있어
죽음이란 "두려우면서 동시에 위로됨simul terror et consolatio"[5]
이라고 설명합니다. 칼뱅은 죽는 것 자체보다, 죽음 이후
하나님 앞에 죄인으로 서게 되는 것을 두려워했습니다.

하나님을 알아 가면 알아 갈수록 그리스도인은 두려움과 기쁨으로 죽음을 기다리는 중에 영적인 성장도 경험합니다. 그래서 그리스도인은 죄인으로서 죽음을 두려워하지만, 의인으로서 죽음을 기쁨으로 기다립니다.

그리고 그리스도인은 죽음이 하나님의 질서를 뒤집는 것임과 동시에 하나님이 그 슬픔을 주관하고 계시다는 것을 믿는다고 칼뱅은 말합니다. 사랑하는 사람의 죽음으로 인한 슬픔 가운데서도 말이지요. 이렇게 자신의 죽음이나 주변 사람의 죽음을 대면하는 것은 두렵고 고통스러운 일임에 분명합니다. 그럼에도 그리스도인은 죽음 이후에 천국에서의 영광과 기쁨을 알기에 그 모든 슬픔을 넘어섭니다.

칼뱅은《기독교 강요》에서 죽음과 죽음에 이르는 과정에서의 고통을 분명히 인정합니다. 동시에 그리스도인은 죽음 이후를 바라볼 것을 강조합니다. 그러면 영원한 삶으로 들어간다는 기대와 기쁨도 함께 알게 되기에 죽음 앞에서 두려워하거나 슬퍼하고만 있지 않을 수 있다면서요.[6]

"이처럼 불안정하고 결점이 많고 썩어지며, 사라져 가며, 쇠하여 가는 우리의 육체의 장막이 무너지면, 견고하며 완전하며 썩지 않고 아름다운 하늘의 영광 가운데 있는 것으로 새로움을 입게 된다는 것을 생각할진대, 본성으로는 죽음을 두려워한다 할지라도 오히려 믿음으로 그것을 더 열심히 사모하는 것이 당연한 일이 아니겠는가?"

보라 내가 너희에게 비밀을 말하노니 우리가 다 잠 잘 것이

아니요 마지막 나팔에 순식간에 홀연히 다 변화되리니 나팔
소리가 나매 죽은 자들이 썩지 아니할 것으로 다시 살아나고
우리도 변화되리라 이 썩을 것이 반드시 썩지 아니할 것을
입겠고 이 죽을 것이 죽지 아니함을 입으리로다 이 썩을
것이 썩지 아니함을 입고 이 죽을 것이 죽지 아니함을 입을
때에는 사망을 삼키고 이기리라고 기록된 말씀이 이루어지리라

고전 15:51-54

죽음보다 더 큰 이후의 영광과 기쁨

인생이 짧다는 말을 종종 듣습니다. 그만큼 이 땅에서의
삶이 눈 깜짝할 사이에 지나간다는 의미겠지요. 이것은
스스로 지난날의 시간을 돌아보거나 주변 사람의 죽음에
대해 잠시만 생각해 보면 더욱 분명해집니다. 인간은 죽음을
향해 가는 존재이고, 죽음은 우리에게 가까이 와 있을 뿐만
아니라 결국 죽음에 이르게 되니까요. 그러니 그리스도인은
하나님의 부르심에 합당하게 오늘을 살 뿐만 아니라,
하나님을 만날 날을 소망하며 그날을 준비해야 합니다.
죽음보다 더 큰 이후의 영광과 기쁨을 기억하면서 말입니다.
　　　이 땅에서의 삶은 하나님이 주신 선물 가운데
하나입니다. 그런데 그 삶이 하나님 나라의 영광을 준비하는
과정이라는 사실을 안다면, 더욱 감사하게 되겠지요.
우리는 그 가운데 하나님의 선하심을 미리 맛보는 체험과
은혜를 경험하며 소망 중에 그날을 사모하게 될 것이기
때문입니다.[7]

"이 땅의 삶은 마치 주께서 우리에게 지정하셔서
배치하신 초소哨所와도 같은 것이므로, 주께서 다시 부르실
때까지 그 자리를 굳게 지켜야 하는 것이다. … 그러므로
살아도 주를 위하여 살고 죽어도 주를 위하여 죽는 것이
우리에게 합당한 일이라면(롬 14:8 참조), 우리의 삶과 죽음의
시기에 대해서는 주께 맡겨 버리도록 하자. 그러면서
동시에 죽음을 향하여 강한 열정을 가지고 그것을 계속해서
묵상하며, 또한 미래에 올 영원한 삶과 비교하면서 죄로
얽어매는 이 땅의 삶을 멸시하며, 언제 주께서 부르시든지
간에 기꺼이 이 삶을 마감하기를 사모하도록 하자."

영생을 사모할 때, 이 땅에서의 삶은 새로운 소명으로

〈장 칼뱅〉(에녹 시먼, 1714-1744)

다가옵니다. 나의 욕망을 채우기에 급급한 이기적인 삶은
육신의 생명에 대한 집착을 부르고 그 결과 죽음은 두려움과
불안으로 다가옵니다. 하지만 살든지 죽든지 하나님의
이름을 영화롭게 하는 것을 자신의 의무이자 소명으로
깨닫는 사람은 삶의 시간을 성령의 인도하심 속에 예수님과
함께 채워 갑니다. 영생을 소망하는 그리스도인이 죽음을
어둠이 아닌 빛으로 만나게 되는 순간입니다.

이처럼 오늘을 예수 그리스도께 순종하고 하나님의
나라를 위한 삶으로 채우는 것이야말로 가장 위대한
삶입니다. 예수님이 주신 새 계명을 따라 하나님 사랑과
이웃 사랑을 남기는 삶으로 말이지요. 예수님이 하나님의
뜻에 순종함으로 온 인류를 죄에서 구원하셨듯이, 이것과
감히 비교할 수 없지만 우리의 사랑의 수고도 누군가의
삶에서 새로운 생명으로 태어날 것입니다.

어느 누구도 죽음의 문제를 해결할 수 없고 그로 인한
슬픔에서 자유로울 수 없습니다. 그러나 하나님이 허락하신
삶을 사랑하고 함께하게 하신 사람들과 더불어 살아간다면,
죽음의 두려움도 넉넉히 감당할 수 있습니다. 그리고 이후에
하나님이 허락하신 나라에서 영광과 기쁨을 누릴 것입니다.

칼뱅의 아내가 죽음을 앞두고 칼뱅에게 남긴
이야기도 그와 같은 고백이었습니다.[8]

"오, 영광스러운 부활이여! 오, 아브라함과 우리 모든
조상의 하나님, 지금까지 수많은 사람들이 주를 믿었나이다.
그들의 믿음은 결코 헛되지 않았습니다. 저도 그들과 같기를
소망합니다."

그러나 우리의 시민권은 하늘에 있는지라 거기로부터 구원하는

자 곧 주 예수 그리스도를 기다리노니 그는 만물을 자기에게

복종하게 하실 수 있는 자의 역사로 우리의 낮은 몸을

자기 영광의 몸의 형체와 같이 변하게 하시리라 빌 3:20-21

참된 목자이기를 원했던

리처드 백스터

주님, 내가 죽든지 살든지
그것은 내가 염려할 바가
아닙니다. 주님을 사랑하고
섬기는 것이 내가 할 몫입니다.
그것이 내게 베푸신
하나님의 은혜입니다.

리처드 백스터(Richard Baxter, 1615-1691)는 1615년 11월 12일, 영국 슈롭셔Shropshire의 로우턴Rowton에서 태어났습니다. 1638년 부제 (Deacon, 카톨릭에서 사제 바로 아래에 있는 성직자) 서품을 받고 1641년부터 키더민스터Kidderminster에서 사역하며 부흥을 경험합니다. 하지만 1669년 4월 12일 건강 문제와 정치적인 이유로 교회를 사임하고 떠나야 했습니다.

청교도 혁명(1642-1660) 때 의회파에 속해 올리버 크롬웰Oliver Cromwell이 이끄는 군대의 군목으로 일했습니다. 그리고 1660년 왕정복고 후 찰스 2세가 궁정 사제로 선임하고 국교회 주교직을 제안하지만 거절합니다. 1662년 통일령Act of Uniformity[9]이 공포되면서 불복하는 청교도 목회자 2,000여 명에 대해 대추방령이 내려집니다. 그때 백스터도 영국 국교회에서 추방되고, 이후 박해를 받으며 18개월간 감옥에 투옥됩니다.

그는 200권이 넘는 책을 쓴 저술가이자 설교자, 그리고 성도들의 교사로 1691년 런던에서 하나님의 부름을 받을 때까지, 런던 및 여러 지역에서 열정적으로 사역했습니다.

〈리처드 백스터〉(로버트 화이트, 1670년)

영국이 내전으로 혼란을 겪던 시기인

17세기, 하나님의 사람 리처드

백스터 목사는 청교도 신앙 때문에

핍박을 받아 감옥에 갇히며 설교를

금지당했습니다. 70세의 나이에

결핵으로 고생하며 8개월간 감옥에서

힘든 상황에 처했지만, 그는 하나님의 전지하심을 믿고 붙들었음을 이렇게 고백합니다.[10]

"주님, 내가 죽든지 살든지 그것은 내가 염려할 바가 아닙니다. 주님을 사랑하고 섬기는 것이 내가 할 몫입니다. 그것이 내게 베푸신 하나님의 은혜입니다. 만약 좀 더 오래 살 수 있다면 나도 더 기쁩니다. 왜냐하면 더 오랫동안 순종할 수 있기 때문입니다. 만약 짧게 살더라도 내가 기뻐해야 할 이유는 영원한 곳으로 가기 때문이 아닐까요? … 그리고 나는 주님과 함께할 것입니다."

죽음의 순간 더욱 집중한 천국

리처드 백스터가 대표작《성도의 영원한 안식》*The Saint's Everlasting Rest*을 쓸 때, 그는 건강이 악화된 상태로 고향에서 멀리 떨어진 곳에서 지내고 있었습니다. 그런데 이 시간은 오히려 오직 성경만 손에 들고 천국을 깊이 묵상하는 기회가 됩니다. 그렇게 천국이라는 주제야말로 자기 생애의 모든 연구보다 더 많은 유익을 주었다고 고백하는데, 그때 나이가 30세 정도였습니다. 후에 건강을 회복하여 키더민스터에서 매주 이 주제로 설교했고, 그 내용을 1650년 책으로 출판합니다.

그는 그리스도인이 죽음을 두려워하고 죽기를 싫어하는 것은 하나님을 진정으로 신뢰하지 못하기 때문이라고 합니다. 또한 하나님은 말씀대로 실행하시는 분임을 믿지 못하고 천국의 영광을 잊고 사는 결과라고 지적합니다. 마지막 날을 간절히 기다리지 않기에 그런 것이라며 다음과 같이 설명합니다.[11]

"정말로 죽음이 우리를 비참에서 천국의 영광으로 옮긴다는 것을 믿는다면 끝까지 죽음을 싫어하는 것은 가능할 수가 없다. 만일 하늘의 영광을 자신이 소유할 수 있을지를 의심한다면 죽음이 두렵겠지만, 그 안식의 확실성과 뛰어남에 대해 확신한다면 죽음은 두렵지 않고 오히려 반갑다. 하지만 많은 그리스도인이 말로는 주님을 믿는다고 하지만, 마음에는 불신과 이교 사상이 가득하다. 그 증상 중의 하나가 죽기를 싫어하는 것이다."

리처드 백스터는 그리스도인에게 죽음이 슬픔과 고통만이 아닌 것은 부활에 대한 소망과 하나님이 허락하신

영원한 안식에 대한 믿음 때문이라고 합니다. 그리스도인은
부활의 날 무덤에 잠든 자들이 깨어나고 그리스도 안에서
죽은 자들이 먼저 일어날 것임을 믿습니다. 그러므로 더욱
부활의 날을 소망하고 그로 인해 하나님께 영광 돌리기를
기뻐한다며 이렇게 말합니다.[12]

"그러므로 감히 저는 제 몸을 흙 가운데 내려놓으며
무덤이 아니라 주님께 제 몸을 의탁합니다. 그러므로 주께서
그 몸을 일으켜 세우셔서 영원한 안식을 소유하게 하실
그날까지 제 몸이 소망 가운데 잠들게 하소서."

> 형제들아 자는 자들에 관하여는 너희가 알지 못함을 우리가
> 원하지 아니하노니 이는 소망 없는 다른 이와 같이 슬퍼하지
> 않게 하려 함이라 우리가 예수께서 죽으셨다가 다시 살아나심을
> 믿을진대 이와 같이 예수 안에서 자는 자들도 하나님이 그와
> 함께 데리고 오시리라 … 주께서 호령과 천사장의 소리와
> 하나님의 나팔 소리로 친히 하늘로부터 강림하시리니 그리스도
> 안에서 죽은 자들이 먼저 일어나고 그 후에 우리 살아 남은
> 자들도 그들과 함께 구름 속으로 끌어 올려 공중에서 주를
> 영접하게 하시리니 그리하여 우리가 항상 주와 함께 있으리라
> 살전 4:13-17

그리스도인이 소망해야 할 천국

성경은 천국에 대한 여러 이미지를 보여 주는데, 그중에서도
새 예루살렘으로서의 '도성'과 낙원으로의 '동산'이 천국에

대한 그리스도인들의 성찰에 결정적인 영향을 끼쳤다고
신학자이며 기독교 변증가인 알리스터 맥그래스Alister
McGrath는 설명합니다.[13]

구약시대에 예루살렘 성은 도성 그 자체로 하나님이
튼튼한 성벽 안에 임재하시고 섭리하신다는 사실에 대한
분명한 상징이었습니다. 그리고 이스라엘 백성에게는
메시아에 대한 성취가 이루어지는 것과 관계되었습니다.
하지만 이후 이스라엘 백성이 겪었던 비극적인 역사는
지상의 예루살렘 도성과 성전을 미래에 있을 천상의
도성으로 바꾸게 됩니다. 신약성경, 특히 요한계시록은
부활하신 그리스도가 죄와 죽음에 대한 승리자로서
통치하시는 하나님의 도성, 곧 새 예루살렘을 대망하게
합니다.

> 또 내가 새 하늘과 새 땅을 보니 처음 하늘과 처음 땅이
> 없어졌고 바다도 다시 있지 않더라 또 내가 보매 거룩한 성
> 새 예루살렘이 하나님께로부터 하늘에서 내려오니 그 준비한
> 것이 신부가 남편을 위하여 단장한 것 같더라 계 21:1-2

천국에 대한 또 다른 핵심 이미지는 낙원으로서의
천국, 동산입니다. 에덴동산은 인간이 자연과 더불어 평화를
누리고 하나님과 화평하게 지내는 곳이었습니다. 그러나
인간은 하나님께 불순종함으로 이 낙원을 상실합니다.
신약성경은 아담이 상실했던 에덴동산을 예수 그리스도께서
다시 회복하시는 천국으로 보여 줍니다. 하나님의 다스림
속에 완전한 성도의 안식과 교제가 있는 천국입니다.

내가 들으니 보좌에서 큰 음성이 나서 이르되 보라 하나님의
장막이 사람들과 함께 있으매 하나님이 그들과 함께 계시리니
그들은 하나님의 백성이 되고 하나님은 친히 그들과 함께
계셔서 모든 눈물을 그 눈에서 닦아 주시니 다시는 사망이
없고 애통하는 것이나 곡하는 것이나 아픈 것이 다시 있지
아니하리니 처음 것들이 다 지나갔음이러라 계 21:3-4

세상이 중요하게 생각하는 이 땅에서의 부귀영화와
오래 사는 장수는 안정된 삶을 위한 어떠한 보장이나 확신도
주지 못합니다. 인생에서 만나는 수많은 환란과 근심 그리고
죽음에 대한 두려움은 거부할 수 없는 명백한 진실입니다.
그래서 먼저 그것을 인정해야 하지요. 그러면 내가 누구인지,
무엇을 위해 살아야 하는지, 어떻게 살아야 하며 또 어떤
죽음을 맞이해야 하는지 분명히 알게 됩니다.

그리고 이제 천국을 날마다 묵상하는 것입니다.
천국을 묵상하는 것이야말로 인생의 순간순간마다 찾아오는
유혹에 흔들리지 않고 바른 모습으로 무수한 생의 두려움을
이기게 하는 원동력입니다. 성도의 영원한 안식에 대한 앎과
삶에서의 경험이야말로 성도를 더욱 강하게 합니다.

살든지 죽든지 은혜에 응답하는 삶

리처드 백스터는 약 800가구에 2,000여 명의 주민이 살던
키더민스터에서 1641년부터 사역하며 영적인 부흥을
경험합니다.

그가 처음 이곳에 갔을 때는 회심한 사람을
찾아보기가 어려울 정도였지만, 사역하는 중에 회심한
성도들이 많아져 개별적으로 살필 여력이 없을 정도였다고
합니다. 천 명을 수용할 수 있는 교회가 항상 가득 차면서
발코니 다섯 개를 증축해야만 했고, 거리를 지나다 보면
백여 가정에서 시편을 찬송하고 설교 시간에 적어 놓았던
노트를 다시 읽었다고 합니다. 하지만 1669년 4월 12일에
건강 문제와 정치적인 이유로 교회를 사임하고 떠납니다.

영국 개신교 신학자인 제임스 패커James I. Packer는
백스터에 대해 즉각적으로 분석하고 논증하며 호소하는 데
탁월한 재능이 있었을 뿐 아니라, 광범위한 학식까지 갖춘
인물이었다고 설명합니다. 하지만 동료들과의 관계에서

〈리처드 백스터 기념동상〉 영국 우스터셔주 키더민스터의
성메리교회에 있는 기념비와 동상 ©ReptOn1x/Wikimedia Commons

호전적이고 비판적이며 일방적으로 가르치려는 태도를 보여
갈등도 일으켰다고 평가합니다.[14]

리처드 백스터 목사의 좌우명은 사도행전 20장
28절의 말씀, "너희는 자기를 위하여 또는 온 양 떼를 위하여
삼가라 성령이 그들 가운데 너희를 감독자로 삼고 하나님이
자기 피로 사신 교회를 보살피게 하셨느니라"였습니다.

그 말씀이 영국 국교회의 핍박으로 감옥에 투옥되는
어려움과 육신의 약함으로 인한 고통을 이기게 했습니다.
그리고 천국에 대한 깊은 묵상이 하나님을 향한 사랑과
진리의 말씀을 지키려는 의지를 꺾지 못하게 했습니다.
목회자를 향한 리처드 백스터의 권면입니다.[15]

"오, 사랑하는 목회자 여러분, 만약 여러분 모두가
저만큼 자주 죽음이라는 이웃과 대화하고, 저만큼 자주
사형선고를 받게 된다면, 여러분의 양심도 동요될 것입니다.
여러분의 삶이 새로워져서 여러분이 성실하고 신실하게
목회하지 않는 한 말입니다. …

여러분이 죽어 몸이 무덤에 눕게 될 때, 이런 생각을
하지 않을 수 있겠습니까? '여기에 내 몸이 누워 있다. 그런데
내 영혼은 어디 있는가? 내 영혼이 떠나기 전에, 나는 내
영혼을 위해 무엇을 했던가? 영혼 또한 내가 돌봐야 할 내 몸의
일부분이었다. 영혼에 대해 내가 무슨 변명을 할 수 있을까?'"

나는 선한 목자라 나는 내 양을 알고 양도 나를 아는 것이
아버지께서 나를 아시고 내가 아버지를 아는 것 같으니 나는
양을 위하여 목숨을 버리노라 요 10:14-15

임마누엘의 하나님을 붙잡은

존 웨슬리

모든 것 중

가장 나은 것은 하나님이

우리와 함께하심이다!

감리교의 창시자인 존 웨슬리(John Wesley, 1703-1791) 목사는 아버지 새뮤얼 웨슬리와 어머니 수잔나 웨슬리의 19명의 자녀 중 15번째로 태어납니다.

이 가족은 영국 국교회와 여러 사연이 있었는데, 증조할아버지와 할아버지는 비국교도라는 이유로 생업에서 쫓겨나고 기독교식 장례조차 거절당했습니다. 아버지는 국교를 반대하는 대학에 들어가지만 곧 맹목적인 신앙과 타락한 문화에 염증을 느끼고, 영국 국교회의 39개조 교리에 찬성하면 입학을 허락해 주는 엑세터대학교에 들어갑니다. 이후 링컨셔Lincolnshire의 엡워스Epworth 지역의 교구 목사가 됩니다. 어머니는 엄격하게 자녀를 교육한 것으로 유명합니다.

웨슬리는 옥스퍼드대학교의 크라이스트처치 칼리지에서 공부했는데, 1725년에 목사 안수를 받고 옥스퍼드대학교의 링컨 칼리지 강사로 있으며 신성클럽Holy Club의 일원이 됩니다. 1735년 10월 14일, 당시 영국의 식민지였던 미국에 선교사로 가기 위해 그레이브샌드에서 미국 조지아로 향하는 심몬즈호를 탑니다. 조지아에 도착해 독일인 목사 스팽겐베르크August Gottlieb Spangenberg를 만나고 영국으로 돌아온 웨슬리는 영적인 필요를 느끼며 모라비안 교도들과 친분을 쌓았고 특히 피터 뵐러Peter Bohler에게 큰 도움을 받습니다.

1738년에 올더스게이트 거리의 한 모임에 참석하던 중 회심을 경험하면서 구원의 확신을 강조하며 복음으로 돌아갈 것을 집중적으로 설교합니다. 하지만 이로 인해 영국 국교회로부터 교회에서 설교하는 것을 금지당하는데, 그래서 1739년부터는 야외에서 설교하기 시작합니다. 웨슬리는 대부분 말을 타고 다니면서 복음을 전했습니다. 매년 8,000킬로미터, 최대 약 1만 2,000킬로미터의 여행 기록을 세웠고, 여행 중 유숙했던 여인숙 비용만 해도 역사적인 기록이 될 정도라고 합니다. 한 해에 일천 번 이하의 설교를 한 경우가 드물 정도로 열정적으로 복음을 전했습니다. 또 영국 산간벽지들을 수없이 찾아다니며 복음을 전하는 것을 죽기 몇 해 전인 86세까지 이어 갔습니다. 그리고 1791년 3월 2일, 믿음의 형제들이 함께하는 가운데 하나님의 부름을 받습니다.

〈존 웨슬리〉(조지 롬니, 1789년경)

임종을 앞둔 존 웨슬리 목사가

주변 사람들에게 남긴 한 마디 말이

있습니다. 이제 기력이 쇠해져서

그가 하는 말을 듣기 어려웠지만,

그럼에도 잠시 하던 말을 멈추고는 남은

힘을 모아 이야기했습니다.[16]

"모든 것 중 가장 나은 것은

하나님이 우리와 함께하심이다!"

웨슬리는 우리는 열매를 거둬야

하므로 썩은 송장에는 관심도 두지

말라고 하더니, 이어서 구름이 가득

내려온다며 "주님은 우리와 함께

계신다. 야곱의 하나님은 우리의

피난처시다!"라고 했습니다.

그리고 1791년 3월 2일 수요일,

"안녕히!"라는 말과 함께

소원대로 신음 소리를 내지 않고

침대 주변에 모인 믿음의 형제들이

지켜보는 가운데 하나님의 부름을

받습니다.

마지막 순간까지 이어진 찬송

1791년 2월 24일 목요일, 마지막으로 웨슬리는
발라암Balaam에 있는 올프Wolff 씨 가정을 방문합니다. 그때
몸이 무거워지는 것 같다며 열이 나서 종일 누워 있었습니다.
그는 예수의 피를 통해서만 가장 거룩한 곳에 이를 수
있다면서 하나님이 우리와 함께 계시다는 것 외에는
아무것도 할 말이 없다며 축복의 말을 주변 사람들에게
전했습니다.[17]

　　"숨 쉬는 동안 나를 지으신 이를 찬양하리, 또한 내
목소리가 죽음 속으로 사라지는 때에도, 나의 숭고한 힘을
다하여 찬양하리, 생명과 생각과 존재가 계속되는 한, 영원히
죽지 않는 시간 속에서도, 내 찬양의 날은 끝나지 않으리니."

　　기력이 극도로 쇠약해진 웨슬리는 주변 사람들에게
기도와 찬송을 부탁합니다. 그리고 헝겊 외에 다른 것으로
자신을 싸지 말 것과 관에 자신의 시신을 넣고 교회로 들어가
달라는 장례에 대한 당부의 말도 남겼습니다.

　　신약성경에서 복음서를 읽어 보면 그 당시
그리스도인들이 죽음 이후의 세계, 천국에 대해 어떤
생각을 가지고 있었는지를 알 수 있습니다. 당시 로마의
식민지로 억압받던 이스라엘 사람들, 특히 그리스도인들은
로마의 압제만 아니라 동족 유대인들로부터도 박해와
시련을 받았습니다. 그럼에도 모일 때마다 하나님을
찬양하고 서로를 돌아보며 아름다운 그리스도인 공동체를
이루었습니다.

믿는 사람이 다 함께 있어 모든 물건을 서로 통용하고 또
재산과 소유를 팔아 각 사람의 필요를 따라 나눠 주며 날마다
마음을 같이하여 성전에 모이기를 힘쓰고 집에서 떡을 떼며
기쁨과 순전한 마음으로 음식을 먹고 하나님을 찬미하며 또
온 백성에게 칭송을 받으니 주께서 구원 받는 사람을 날마다
더하게 하시니라 행 2:44-47

그런 그리스도인에게 천국은 이 세상의 고통이
끝나는, 하나님이 친히 마련하신 곳임을 믿었습니다.
그리스도인은 천국에서 지금과는 다른 영적 존재로 변화될
것이기에 천국에 대한 간절함이 더욱 컸습니다. 천국이 곧 올
것을 분명히 믿고 항상 깨어 있을 것을 서로 권면하며 고난과
박해의 시기에도 하나님을 찬양하며 신앙을 지켰습니다.
항상 우리와 함께 계실 것이라는 하나님의 약속을 붙들면서
말이지요.

너희는 마음에 근심하지 말라 하나님을 믿으니 또 나를 믿으라
내 아버지 집에 거할 곳이 많도다 그렇지 않으면 너희에게
일렀으리라 내가 너희를 위하여 거처를 예비하러 가노니 가서
너희를 위하여 거처를 예비하면 내가 다시 와서 너희를 내게로
영접하여 나 있는 곳에 너희도 있게 하리라 요 14:1-3

내가 진실로 너희에게 말하노니 이 세대가 지나가기 전에 이
일이 다 일어나리라 천지는 없어지겠으나 내 말은 없어지지
아니하리라 그러나 그 날과 그 때는 아무도 모르나니 하늘에
있는 천사들도, 아들도 모르고 아버지만 아시느니라 주의하라

죽음의 두려움 중에도 함께하시는 하나님

웨슬리는 1735년 10월 14일, 당시 영국의 식민지였던
미국에 선교사로 가기 위해 영국 그레이브샌드에서 미국
조지아로 향하는 심몬즈호를 탑니다. 57일간의 대서양
횡단은 무섭고 험난한 여정이었습니다. 그럼에도 웨슬리
일행은 매일의 생활 규칙을 지키며 기도와 신앙생활을 이어
갔습니다.

이 배를 탄 119명 중에는 26명의 독일 모라비안
교도Moravian Church, 슈페너Philipp Jakob Spener의 경건주의 운동
전통을 따르는 이들이 있었습니다. 어느 날, 큰 폭풍으로
돛대가 산산조각이 나고 파도가 배를 뒤덮어 갑판 위로
쏟아졌을 때였습니다. 같이 간 영국인들은 죽음의 공포에
떨며 비명을 질렀지만 모라비안 교도들은 찬송을 부르며
평안함을 유지했습니다. 너무도 대조적인 모습에 웨슬리는
큰 충격을 받습니다.

웨슬리가 이들에게 두렵지 않느냐고 물었는데,
그들은 두렵지 않다며 다만 하나님께 감사할 따름이라고
대답했습니다. 그래도 아이들과 여인들은 두려워하지
않느냐고 재차 물었을 때에도 돌아온 대답은 여전히 죽음을
두려워하지 않는다는 것이었습니다. 웨슬리에게는 오래도록
기억될 특별한 경험이었습니다.

만일 땅에 있는 우리의 장막 집이 무너지면 하나님께서 지으신

집 곧 손으로 지은 것이 아니요 하늘에 있는 영원한 집이

우리에게 있는 줄 아느니라 고후 5:1

조지아에 도착한 웨슬리는 독일인 목사
스팽겐베르크를 만나는데, 그로부터 하나님의 성령이
당신의 영과 더불어 당신이 하나님의 자녀 됨을
증언하느냐는 질문을 받습니다. 그 질문에 웨슬리는 아무런
대답을 하지 못했습니다. 이어서 예수 그리스도를 아느냐는
질문에 웨슬리는 예수가 세상의 구세주임을 안다고

〈존 웨슬리 회심 기념비〉
런던 올더스게이트 거리의 불꽃 모양 동판에 회심한 날,
1738년 5월 24일의 일기를 기록함

대답했습니다. 계속해서 그분이 당신을 구원하셨음을
알고 또 당신은 당신 자신을 아느냐는 질문에도 웨슬리는
그렇다고 대답합니다. 하지만 이러한 대답들이 빈말 같아
두려웠다고 일기에 기록했습니다.[18]

"나는 그분이 나를 구원하시기 위하여 죽으셨을
것으로 희망합니다."

이후 웨슬리는 오직 복음을 증거하는 것을 푯대 삼아
일생을 살았습니다. 순회 전도 중에는 진흙과 돌에 맞기도
했지만 거친 광부가 있는 난폭한 지역까지 찾아갔습니다.
그런데 그런 웨슬리를 영국 국교회 성직자들은 시기의
눈으로 바라보며 비판했습니다. 그럼에도 격정적인 설교로
많은 영국인의 삶에 영향을 끼쳤습니다.

그의 삶에 있어 '오직 한 가지'는 복음의 진리를
말하는 것이었습니다. 이것을 일기 마지막 기록에서도 읽을
수 있습니다.[19]

"스피톨필즈Spitolfields 교회에서 '하나님의 전신갑주'에
관하여 많은 사람들에게 설명하였다. 섀드웰Shadwell의
성베드로교회에서 오후에 집회를 가졌는데 더 많은
사람들이 모여 '한 가지 필요한 것'으로 중요한 진리를
말하는 동안 진지하게 들었다. 많은 사람들이 이제라도 더
나은 것을 선택하기를 바랐다."

무익한 종에게 베푸신 은혜에 감사

영국 웨스트민스터 사원을 방문하면 웨슬리가 했다는 세

마디 말, '세계는 나의 교구다', '하나님은 당신의 일꾼은
땅에 묻으시나 당신의 일은 계속해 나가신다', '세상에서
가장 좋은 것은 하나님이 우리와 함께하신다는 것이다'를
만날 수 있다고 합니다. 웨슬리의 설교 한 부분입니다.[20]

　　"… 나는 온 세계를 나의 교구로 생각합니다. 이 말의
의미는 내가 세계 어느 곳에 가서 있을지라도 구원의 기쁜
소식을 기꺼이 들으려는 모든 사람들에게 선포하는 일이
온당하고 정당하며 나에게 허락된 의무라고 생각한다는
말입니다.

〈존 웨슬리〉(윌리엄 해밀턴, 1788년)

이 일이야말로 하나님이 나를 부르셔서 내게 맡기신 일인 것을 나는 확신합니다. 그러므로 나는 하나님이 맡기신 일을 이루는 것에 충성할 수 있는 커다란 용기를 계속 얻게 됩니다. 나는 하나님의 종입니다. 그러므로 나는 하나님의 말씀이 명백히 지시하시는 대로 종으로서 일할 따름입니다. …"

이런 전도에의 열망과 하나님이 주신 사명에 대한 열정은 그의 찬송가에도 그대로 나타나는데, 웨슬리는 영국 역사상 위대한 찬송가 작가입니다. 그의 찬송가 중에 죽는 순간까지 주님의 복음을 전할 수 있다면 그것이야말로 가장 행복한 일이라고 고백하는 내용이 있습니다.[21]

"그의 은혜가 얼마나 풍성한지, 온 세계가 보고 알게 되리라. 나를 두르는 사랑의 팔로, 온 인류를 감싸 안으시네. 나 오직 그의 의로우심을 보이리라. 그의 구원의 진리를 선포하리라. 이제 나의 모든 사명은, '주의 어린 양을 보라'고 외치는 것이다. 최후 순간까지도 그의 이름을 부를 수 있다면 나 행복하게 눈 감으리. 사망으로 울부짖는 모든 이에게 주를 전하리. '보라, 하나님의 어린 양을 보라!'"

웨슬리는 51세가 되던 때에 지금 당장 죽음을 앞둔 사람처럼 비문을 미리 적어 둡니다. 이후 그 기록처럼 무익한 종에게 베푸신 하나님의 은혜를 생각하며 평생을 살았습니다. 그는 자신의 마지막이 하나님을 얼마나 기쁘시게 할지는 모르지만 혹시 누군가 천박하게 과찬의 말을 쏟을까 봐 미리 비문을 써 둔다며 이렇게 기록했습니다.[22]

"이곳에 존 웨슬리 잠들다. 활활 타는 불 속에서 꺼낸[23] 아직도 불붙은 나무인 그는 결핵으로 51세를 일기로

사망하다. 모든 부채를 청산하고 10파운드도 재산으로
남기지 못하고 가다. 나 같은 무익한 종에게 하나님이여,
자비를 베푸소서! 기도를 드리며, 자신의 묘비에 이 비문을
새기도록 그는 명하였다."

노예 상인에서 복음 증거자로

존 뉴턴

나는

주님의 뜻에

만족합니다.

존 뉴턴(John Newton, 1725-1807)은 7세 때 독실한 그리스도인이었던 어머니가 돌아가시면서, 무역선의 선장이던 아버지와 함께 항해를 경험합니다. 그 후 영국 해군사관학교에 입학하지만 탈영했다 체포되어 중벌에 처해지는 일을 겪고, 노예 상인에게 팔려 비참한 생활도 합니다. 심지어 23세가 되던 1748년부터 아프리카에서 사로잡은 흑인들을 아메리카 대륙으로 실어 나르는 노예선 그레이하운드Greyhound의 선장 노릇까지 하며 노예 상인으로 살아갑니다. 그는 이때까지 무신론자이자 방탕한 삶을 살았습니다.

그러던 어느 날, 토마스 아 켐피스Thomas à Kempis의《그리스도를 본받아》De Imitatione Christi를 읽다 깊은 깨달음을 얻고 6년 동안 지휘하던 노예선을 정리하고 그리스도인이 됩니다. 이후 영국 국교회 목사로 복음을 전하는 삶을 살며 작가로서 작품도 내놓습니다. 감리교를 창설하며 이끈 존 웨슬리 그리고 조지 휫필드George Whitefield와도 교제합니다.

1764년에 영국 올니Olney에서 목사가 되어 16년간 목회하고, 1779년에는 윌리엄 쿠퍼William Cowper와《올니 찬송가》Olney Hymns를 발행합니다. 그리고 1780년에 런던의 성메리울노스교회St. Mary Woolnoth Church 목사로 평생 목회를 했습니다. 영국에서 노예제도 폐지를 주도한 윌리엄 윌버포스William Wilberforce와 우정을 쌓으며 노예제도 폐지 운동에도 참여합니다.

1805년에는 시력이 급격히 나빠지면서 글을 읽을 수 없을 정도가 되었고 청력과 함께 기억력도 잃어 가고 있었지만 큰 통증 없이 쾌활한 일상을 이어 갑니다. 그리고 2년 후인 1807년 12월 21일, 하나님의 부름을 받습니다.

<존 뉴턴>(존 러셀, 1807년)

존 뉴턴이 사망하기 전날 주변

사람들로부터 평안하냐는 질문을

받았을 때 그의 대답은 "나는 주님의

뜻에 만족합니다"였습니다.[24]

그는 이미 자신의 묘비에 기록할 내용을

이렇게 남겨 놓았습니다.[25]

"존 뉴턴, 성직자. 한때 무신론자이자 방탕한 사람이었으며, 아프리카 노예들의 종 된 자였으나 우리 주님과 구원자이신 예수 그리스도의 풍성하신 은혜에 힘입어 보호받고 회복되고 용서받았으며, 복음을 선포하는 사명을 받은 후 그 육신이 쓰러지는 날까지 오래도록 헌신하기를 벅스의 올니에서 16년을, 그리고 이 교회에서 여러 해를 사역하였다. 1750년 2월 1일, 뉴턴은 켄트에 살고 있는 조지 캐트렛 경의 딸인 메리와 결혼하였으나, 1790년 12월의 열다섯 번째 날에 그 딸은 생명을 주신 주님께 다시 돌아가다."

날마다 고백하는
'죄인에게 허락하신 무한한 은혜'

뉴턴은 목사가 된 후 수년간 주님의 일을 하면서도 마음속에
지워지지 않는 한 가지 두려움이 있었습니다. 아무리 주님이
모든 사람의 죄를 짊어지셨다고 하지만, 나 같은 노예 상인의
죄까지도 용서받을 수 있을지에 대한 불안이었습니다. 그런
생각이 엄습해 올 때면, 문득 과거의 죄가 떠올라 온몸에
소름이 돋는 공포마저 느끼곤 했습니다. 그래서 집안 벽에
이사야 43장 4절 말씀, "네가 내 눈에 보배롭고 존귀하며
내가 너를 사랑하였은즉 내가 네 대신 사람들을 내어 주며
백성들이 네 생명을 대신하리니"를 써 붙여 놓고 마음이 떨릴
때마다 읽었다고 합니다.

　　이 말씀을 가지고 일생 하나님의 은혜로 구원받고
용서받은 것을 잊지 않으려고 했습니다. 자신의 전부를
내어 주시고 값비싼 대가를 치르며 주신 하나님의 사랑에
감사하며, 그 은혜를 가벼이 여기거나 잊지 않기 위해서
말이지요. 그래서 '만약 주께서 은혜로운 분이 아니셨다면,
어찌 내가 그분 앞에 설 수 있겠습니까?' 스스로에게 물으며
마음으로 하나님의 은혜를 항상 되새겼습니다.

> 내가 확신하노니 사망이나 생명이나 천사들이나 권세자들이나
> 현재 일이나 장래 일이나 능력이나 높음이나 깊음이나 다른
> 어떤 피조물이라도 우리를 우리 주 그리스도 예수 안에 있는
> 하나님의 사랑에서 끊을 수 없으리라 롬 8:38-39

위. 〈존 뉴턴의 목사관 전경〉(버나드 마틴, 1879년) 첫 번째 목회지인 영국 올니의 목사관
아래. 〈존 뉴턴의 묘비〉 영국 올니의 성베드로·바울교회에 있는 직접 쓴 묘비

말년에 한 친구에게 했던 이야기에서 노예 상인 시절
자신이 저지른 이런 끔찍한 죄에 대한 참회의 마음을 읽을 수
있습니다. 그의 회개가 감상적인 것이나 또는 자기 합리화를
위한 변명이 아닌 진정한 참회였음을 알게 하는 고백입니다.[26]

"옛 기억은 거의 다 사라졌지만, 지금도 두 가지만은
또렷이 기억한다네. 그것은 내가 엄청난 죄인이라는 것과
예수님은 위대한 구주시라는 것 말일세."

사나 죽으나 그리스도의 것

뉴턴은 자신이 하늘나라에 간다면 그곳에서 세 번 놀랄
것이라고 했습니다. 처음에는 전혀 하나님 나라에 오리라고
기대하지 않던 사람이 와 있는 것을 보고, 두 번째는 반드시
하나님 나라에 가면 만나리라고 기대했던 사람이 안 보이는
것을 보고, 세 번째는 노예 상인인 존 뉴턴 자신이 그 자리에
와 있는 것을 보고 놀랄 것이라고요. 그래서 하나님의 부름을
받기 몇 해 전인 1803년 6월 13일에 작성한 유서에서 지난
삶을 회고하며 이렇게 기록합니다.[27]

54

　　"나는 나의 영혼을 자비로운 하나님과 구원자께
맡기는 바이다. 주께서는 내가 배반하여 신성 모독자요
무신론자일 때에도 은혜를 베푸시어 나를 지켜 주시고
보호해 주셨으며, 내가 완악함과 사악함 때문에 아프리카
해안에 던져져 비참한 상황에 빠지게 되었을 때도 나를
건져 주셨다. 또한 주께서는 가장 무익한 종과 같은 나에게
영광스러운 복음을 선포할 수 있도록 기꺼이 허락해 주셨다.

　　나는 하나님이자 인간이신 주 예수 그리스도를
묵상하는 가운데 그리스도의 속죄하심을 겸허한 마음으로
신뢰하였다. 이미 다른 이들에게 동일하게 증거하였듯이
이것만이 죄인이 희망을 품을 수 있는 유일한 원천이다.
주께서는 나를 지키시어 불확실한 내 인생의 남은 부분도
인도하실 것이고, 그 후에도 나를 그분이 임재하시는 천국에
받아 주실 것이다.

　　내 시신은 성메리울노스교회의 묘지에 묻힌 내
사랑하는 아내와 내 사랑하는 조카 엘리자베스 커닝햄의

관 옆에 함께 묻어 줄 것을 요청한다. 나의 장례식은 품위를 유지하는 선에서 가능한 최소한의 비용으로 치러 주길 바란다."

이러한 뉴턴의 고백은 사도 바울의 고백을 생각나게 합니다. 바울은 예수 그리스도의 오래 참으심과 긍휼하심 속에 구원받았음을 디모데전서에서 밝힙니다. 죄인 중의 괴수에 자리할 만큼 예수 그리스도와 멀리 떨어져 거역하는 삶을 살았지만, 하나님의 은혜를 풍성하게 받고 직분을 맡게 되었음을 말이지요. 그래서 사나 죽으나 자신은 그리스도의 것임을 고백합니다.

내가 전에는 비방자요 박해자요 폭행자였으나 도리어 긍휼을 입은 것은 내가 믿지 아니할 때에 알지 못하고 행하였음이라 우리 주의 은혜가 그리스도 예수 안에 있는 믿음과 사랑과 함께 넘치도록 풍성하였도다 미쁘다 모든 사람이 받을 만한 이 말이여 그리스도 예수께서 죄인을 구원하시려고 세상에 임하셨다 하였도다 죄인 중에 내가 괴수니라 그러나 내가 긍휼을 입은 까닭은 예수 그리스도께서 내게 먼저 일체 오래 참으심을 보이사 후에 주를 믿어 영생 얻는 자들에게 본이 되게 하려 하심이라 딤전 1:13-16

우리가 살아도 주를 위하여 살고 죽어도 주를 위하여 죽나니 그러므로 사나 죽으나 우리가 주의 것이로다 이를 위하여 그리스도께서 죽었다가 다시 살아나셨으니 곧 죽은 자와 산 자의 주가 되려 하심이라 롬 14:8-9

담대히 죽음을 맞을 수 있는 이유

임종을 앞둔 한 원로의 침상 곁에 형제들이 둘러서
있었습니다. 형제들은 수의를 입히며 울기 시작했습니다.
그런데 놀랍게도 원로가 눈을 뜨고 웃는데, 세 번을 반복해서
웃었습니다. 이런 행동이 궁금했던 형제들이 물었습니다.

　　"선생님, 말씀해 주십시오. 저희가 울고 있는데
어찌하여 웃으십니까?"

　　원로는 이렇게 말하고 세상을 떠났다고 합니다.[28]

　　"내가 처음에 웃은 것은 여러분이 죽음을 두려워하기
때문입니다. 두 번째로 웃은 것은 여러분이 죽음에 대한
준비가 되어 있지 않기 때문입니다. 그리고 세 번째로 웃은
것은 내가 수고를 마치고 이제 안식을 누리기 위해 가는
중이기 때문입니다."

　　임종을 앞두었을 때 두려워하지 않고 평안하게 죽음을
맞는 것은 복된 일입니다. 자신의 지난날을 되돌아볼 때
떠오르는 후회는 아쉬움으로 몰려오고, 실수와 잘못으로
인한 죄책은 불안을 일으키기 때문입니다. 그리고 죽음
이후에 어떤 일이 있을지 모르는 인간 경험의 한계가 그런
두려움을 가중시킵니다.

　　그러나 그리스도인으로 담대히 죽음을 맞을 수 있는
것은 죄인을 용서하시고 구원하시는 변함없는 하나님의
은혜와 사랑 때문입니다. 예수님의 십자가와 부활에
동참함으로 이제는 의롭다 하시며 새롭게 하시는 은총을
경험하기 때문이지요. 그렇게 변화된 삶으로 이끄시는
성령님의 역사가 함께하시기 때문입니다. 이처럼 나의

인생에 함께하신 하나님 아버지와 예수님과 성령님의 역사에 만족하며 감사할 때, 그리스도인은 죽음의 두려움을 담대히 넘어섭니다.

뉴턴은 주일 아침 예배를 위한 여러 찬송가를 지었는데, 그중에 '신앙의 회고와 소망'Faith's Review and Expectation은 〈나 같은 죄인 살리신〉Amazing Grace으로 알려진 곡입니다. 죄와 죽음의 두려움을 물리치게 하신 주님이 은혜의 선물로 주신 영생의 영광과 평안을 고백하는 귀한 찬양입니다.[29]

"주님의 은혜 놀라워라!(그 말씀 얼마나 달콤하던지!) 그 은혜가 나 같은 죄인을 살렸네! 나는 한때 잃어버린 자였으나 이제 찾은 바 되었고, 한때 눈멀었으나 이제 밝게 보네. 주의 은혜가 내 마음에 두려움을 가르쳤네. 그리고 그 은혜로 나의 두려움은 사라졌네. 이 은혜가 얼마나 귀한지, 내가 처음 믿던 그 시간!

수많은 위험과 고난과 유혹을 겪고, 나 여기 와 있네. 주의 은혜가 이제껏 나를 지켰으니, 이 은혜가 또한 나를 본향으로 인도하시리. 주께서 내게 선한 약속을 주셨으니, 그분의 말씀 안에서 나는 소망을 붙드네. 주님은 나의 방패시요 나의 유업 되시네. 이 생명 끝나는 날까지.

이 육신과 마음이 사라진다 해도, 이 덧없는 생명이 사라진다 해도, 성소에서 나는 누리리, 기쁨과 평안의 삶을. 이 땅은 곧 눈처럼 녹고, 태양은 그 빛을 잃으리. 허나 이 땅에서 나를 부르신 하나님께서, 영원히 나의 주가 되시리."

고난의 일상 중에도 감사를 노래한

패니 크로스비

성부의 집에서 깰 때에,

내 기쁨

한량없겠네.

패니 크로스비(Fanny Crosby, 1820-1915)는 1820년 3월 24일, 미국 뉴욕 남동부 퍼트남Putnam County에서 태어났는데, 아버지는 영국 청교도 가문의 존 크로스비이고 어머니는 머시 크로스비입니다.

패니는 태어난 지 6주가 되던 무렵 의사의 실수로 시각장애인이 됩니다. 그럼에도 평생 수많은 시와 찬송가를 썼는데 다양한 필명을 사용해 정확히 헤아리기 어려우나 약 1만 2,000편의 찬송가를 썼을 것이라고 합니다. 많은 사람이 그의 사역에 함께했습니다.

먼저 뉴욕 맹인학교에서 음악교사로 함께 일한 남편 밴 앨스틴, 찬송가에 대한 깊은 이해를 만들어 준 로웰 메이슨, 음악 선생님이자 첫 동역자였던 조지 루트, 가장 많이 영향을 주고받았던 윌리엄 브래드베리, 여러 찬송가를 작곡한 윌리엄 돈과 윌리엄 커크패트릭, 사회활동의 동역자였던 피비 냅, 서정시에 도움을 준 존 스웨니 그리고 많은 시간을 함께한 복음성가 가수 아이라 생키Ira Sankey와 전도자 드와이트 무디까지, 이들과의 협력 속에 패니는 미국에서 가장 유명한 찬송가 작사가로 자리 잡게 됩니다.

1905년 3월 24일, 패니가 85세였을 때 뉴욕의 교회들은 그날을 '패니 크로스비의 날'로 정하고 교회들마다 패니가 작사한 찬송가를 불렀습니다. 그녀는 86세의 나이에도 한 해에 약 50편의 찬송가를 썼습니다. 그리고 1915년 2월 12일, 평안한 가운데 하나님의 부름을 받습니다.

〈패니 크로스비〉(써얼, 1906년)

〈주의 음성을 내가 들으니〉, 〈인애하신
구세주여〉, 〈나의 갈 길 다 가도록〉,
〈나의 영원하신 기업〉, 〈예수를 나의
구주 삼고〉 등과 같은 감동적인 찬송을
작사한 패니 크로스비가 1892년
72세의 나이에 작사한
'왕의 궁전 안에서'의 내용입니다.[30]

"언젠가 은현이 끊어지고, 더 이상 지금처럼 노래하지 않겠지. 그러나 아, 깨어날 때 그 기쁨이란 왕의 궁전 안에서!" 이 시가 찬송가 〈후일에 생명 그칠 때〉입니다. "후일에 생명 그칠 때 여전히 찬송 못하나. 성부의 집에 깰 때에, 내 기쁨 한량없겠네. 내 주 예수 뵈올 때에 그 은혜 찬송하겠네."

패니는 하나님의 부름을 받기 한 해 전인 1914년에 심장마비로 고통받는 중에도 사역을 지속했고, 의사가 더 이상 살 가망이 없다고 말했을 때에도 주님을 만날 수 있다는 생각에 오히려 기뻐하며 사역을 이어 갔습니다.

실수하지 않으시는 하나님

패니 크로스비는 평생을 시각장애인으로 살며 남들처럼
일상적인 것을 볼 수 없었습니다. 그러나 보이는 것이
없어도 들려오는 하나님의 말씀에 이끌려 살았고 그중에
남들이 보지 못하는 것을 보았습니다. 그것은 하나님이
베푸신 헤아릴 수 없는 은혜였습니다. 그래서 삶은 감사로
충만했고 96세의 생을 사는 동안 만여 편이 넘는 찬송시를
지을 수 있었습니다. 그녀는 이런 고백을 했습니다.[31]

"만약 하나님이 내가 볼 수 있도록 허락해 주신다고
해도 받지 않으렵니다. 하늘에 가면 밝은 눈을 주실 것인데,
이 세상에서 더럽혀지지 않은 깨끗한 눈으로 주님의 얼굴을
뵈오렵니다."

> 우리가 지금은 거울로 보는 것 같이 희미하나 그 때에는 얼굴과
> 얼굴을 대하여 볼 것이요 지금은 내가 부분적으로 아나 그
> 때에는 주께서 나를 아신 것 같이 내가 온전히 알리라 고전 13:12

패니가 막 태어났을 때 어머니는 아이의 눈에서
고름 같은 이물질이 끼어 있는 것을 봤습니다. 하지만
의사가 멀리 떨어진 곳에 살아 안절부절못하고 있었습니다.
그러던 중 오빠 조셉의 도움으로 우연히 마을에 머물게 된
의사의 치료를 받게 합니다. 의사는 겨자습포제를 사용해
아이의 눈에 갈색 빛을 띤 점액제를 넣었는데 이후 눈의
검은 부분마저 거의 다 사라지고 결국 앞을 못 보는 시각
장애인이 됩니다. 태어난 지 6주가 되던 무렵이었습니다.

게다가 그 해 가을 패니 크로스비의 아버지는 중병에 걸려 며칠 만에 세상을 떠납니다.

여러 해가 흘러 뉴욕에서 콜롬비아 대학병원 내외과 과장인 발렌타인 모트 박사와 안과전문의 에드워드 델라필드 박사의 진찰을 받습니다. 하지만 더 이상 어떤 조치도 할 수 없는 상황이라 델라필드 박사는 이런 소견을 전했습니다.[32]

"겨자습포제가 딸의 눈을 몹시 상하게 했군요. 아이의 눈은 그것들로 인해 두꺼운 막이 생겼습니다. … 의료 과실이 회복될 수 없게 눈을 망쳐 버렸습니다. 그리고 시신경이 대부분 파괴되어 앞으로도 보기는 힘들 것 같습니다."

슬퍼하는 패니의 어머니를 위로하던 할머니는 선하신 주님은 더 좋을 일을 주실 것이라고, 그분만을 신뢰하라며 격려합니다. 패니 또한 평생 그 의사를 원망하거나 비난하지 않았는데, 패니는 1903년에 쓴 글에서 자기 인생의 가장 충격적인 이 사건에 대해 이렇게 기록합니다.[33]

"내 눈을 잃게 한 그 가련한 의사는 이내 이웃에서 사라졌다. 우리는 더 이상 그 사람 소식을 듣지 못했다. 그는 아마 이미 세상을 떠났을 것이다. 그러나 그를 만날 수 있다면, 나는 스스럼없이 그가 내게 세상에서 가장 큰 도움을 주었다고 말하겠다. 이 의사는 내가 시력을 잃어버린 그 사건 이후 늘 미안한 마음을 표현하곤 했다고 한다. 그는 살면서 여러 가지 슬픔을 겪었지만, 그 사건도 그중 하나였다. 그러나 이제 다시 그를 만날 수 있다면, 나는 내 눈을 멀게 해 주어 고맙다는 말을 거듭거듭 하고 싶다. 혹시 여러분이 그 사람을 만나면 내 마음을 전해 주길 바란다.

　　　나는 왜 그 의사가 엄연히 잘못을 저질렀는데도
그에 대한 배상을 청구하지 않을까? 이유는 많지만, 몇
가지만 이야기해 보려 한다. 하나는 내가 눈이 먼 것이
의사의 과실이었다 하더라도 하나님의 실수는 아니었다는
것을 알고 있기 때문이다. 내가 평생 육신의 흑암 속에서
살더라도 이를 통해 하나님을 찬미하는 일을 잘 준비하고
다른 사람들을 자극하여 하나님을 찬미하게 하는 것이
그분의 뜻이었다고 나는 확실히 믿는다. 내 시선을
잡아끌었을 온갖 흥밋거리와 아름다운 것들을 쳐다보는 데
마음을 빼앗겼더라면, 나는 수천 곡이나 되는 찬송을 쓰지
못했을 것이다."

> 나의 영혼이 잠잠히 하나님만 바람이여 나의 구원이 그에게서
> 나오는도다 오직 그만이 나의 반석이시요 나의 구원이시요
> 나의 요새이시니 내가 크게 흔들리지 아니하리로다 시 62:1-2

천국에서 다시 만날 날을 소망함

패니가 시각장애를 극복하고 건강한 성품과 인격의
신앙인으로 자라나는 데는 할머니 유니스 크로스비의
역할이 컸습니다. 패니의 어머니가 21세에 남편을 잃고
가정의 생계를 위해 도시로 나가 일을 하면서 할머니와
많은 시간을 보냈습니다. 할머니의 손에 이끌려 산과 강을
다니며 온몸으로 느낀 자연은 후에 시인으로 풍성한 감성을

표현하는 데 밑바탕이 되었습니다.

패니가 할머니에게 들려준 첫 번째 시는 1828년, 8세 되던 해에 쓴 것으로 할머니로부터 받은 따뜻한 사랑의 깊이를 가늠하게 하는 시입니다.[34]

"오, 나는 얼마나 행복한 영혼인지, 내가 비록 볼 수 없어도! 나 이 세상에서 만족하리라 결심하네.

난 얼마나 많은 축복을 받고 있는지, 다른 이들은 그렇지 않네! 내가 눈멀었다 하여 울며 한숨짓는 것, 난 그럴 수 없고, 그러하지 않으리."

할머니를 통해 성경 이야기를 많이 들으면서 자연스럽게 성경을 잘 알고 또 외우게 됩니다. 이것은 수많은 찬송시를 쓰는 데 밑거름이 되었습니다. 할머니는 앞을 볼 수 없는 손녀의 눈이 되어 주었습니다. 그런 사랑하는 할머니가 1831년, 53세의 나이로 하나님의 부름을 받기 바로 전에 패니에게 한 마지막 말은 이것이었습니다.[35]

"저 높은 곳 우리 아버지의 집에서 할머니와 다시 만날 수 있겠지?"

> 그들이 이제는 더 나은 본향을 사모하니 곧 하늘에 있는 것이라 이러므로 하나님이 그들의 하나님이라 일컬음 받으심을 부끄러워하지 아니하시고 그들을 위하여 한 성을 예비하셨느니라 히 11:16

할머니의 이 한 마디는 패니의 삶의 결정적인 순간마다 하나님께로 이끕니다. 뉴욕 맹인학교에서 교사로 일하던 시기인 1849년, 뉴욕을 휩쓴 콜레라에 수많은 사람이 죽습니다. 한 주 만에 천여 명이 죽을 정도의 심각한 상황이었습니다. 그때 한 집회에서 하나님의 특별한 은혜 속에 회심을 경험하며 자신을 전적으로 하나님께 드릴 것을 고백합니다. 어머니에게 보낸 편지에서 그때의 경험을 이렇게 기록합니다.[36]

"1850년 11월 21일. 사랑하는 엄마, … 지난밤에 무슨 일이 일어났는지 말씀드려야 할 것 같아요. 콜레라 전염병은 무서운 악몽과 같았어요. 사실 병이 들고 죽는 것에 대한 두려움을 가지고 있었어요. 그리고 할머니가 돌아가시기 전날 밤에 말씀하셨던 것이 생각났어요. '저 높은 곳에 계시는 우리 아버지의 집으로 할머니를 만나러 올 수 있겠지?' 그러나 저는 대답을 할 수 없었어요. …

저는 찬송가를 듣는 순간, 예수님이 날 위해 그 모든 일을 행하셨다는 것을 깨달았어요. … 바로 그것이었어요! 그것을 깨달았어요! 나는 일어나 외쳤어요. '주님 제 자신을 주님께 드립니다!' 그리고 그때 갑자기 내 영혼이 하늘의 빛으로 가득 차는 것을 느꼈어요. … 저는 이제 새 삶을 찾았어요. 엄마의 기도와 할머니의 기도가 응답되었어요. 당신의 사랑하는 딸, 패니."

천국에서 새롭게 시작될 삶, 그곳에서 다시 만날 사랑하는 할머니 그리고 밝은 눈으로 보게 될 주님에 대한 소망은 고난의 시간에도 감사하며 매일의 삶을 소명 안에서 감당하게 하는 힘이 되었습니다.

주님 만날 날을 기쁨으로 준비하기

패니는 죽음을 준비하며 유언장에 자신의 묘지에 비싼
묘석을 절대 사지 말 것과 그 돈을 브리지포트 기독교
단체에 모두 기부하도록 했습니다. 또한 만약에라도
친구들이 자신을 추모해 기금을 모은다면 기독교 병원을
짓거나 노인들을 위한 집을 구하도록 부탁했습니다.

> 여러 계시를 받은 것이 지극히 크므로 너무 자만하지 않게
> 하시려고 내 육체에 가시 곧 사탄의 사자를 주셨으니 이는 나를
> 쳐서 너무 자만하지 않게 하려 하심이라 고후 12:7

패니는 보지 못하는 것에 눈물짓거나 한숨 쉬지
않겠다면서 자신은 행복한 사람이라며, 찬송가 작사를 통해
귀한 사역을 열정적으로 감당했습니다.

〈연설하는 패니 크로스비〉(1906년)

〈『감사』찬송가 악보 표지〉(1899년)
패니 크로스비가 작사하고 아이라 생키가 작곡한 찬송가집

그래서 "당신이 처한 상황을 볼 때 감사하기가
힘들 것 같은데, 늘 그렇게 감사로 가득 차게 하는 것은
무엇인가요?"라는 질문을 받았을 때, 패니의 대답은 다음과
같이 분명했습니다.[37]

"감사의 조건들은 아주 많습니다. 그렇지만 내가
그리스도인이라는 단 한 가지 이유만으로도 나는 충분히
감사할 수 있답니다."

그리고 그 감사는 하나님의 부름을 받은 1915년 2월
12일 전날까지도 이어졌습니다. 그녀는 밤 9시경에 딸의
죽음으로 슬픔에 잠긴 친구에게 보낼 편지와 위로의 시
한 편을 받아쓰게 했습니다. 그리고 평생 바라고 소망하던

주님 얼굴을 뵙는 그날을 맞이합니다. 그녀가 작사한 찬송가 〈주가 맡긴 모든 역사〉의 일부입니다.

"주가 맡긴 모든 역사 힘을 다해 마치고 밝고 밝은 그 아침을 맞을 때, 요단강을 건너가서 주의 손을 붙잡고 기쁨으로 주의 얼굴 뵈오리.

나의 주를 나의 주를 내가 그의 곁에 서서 뵈오며, 나의 주를 나의 주를 손의 못 자국을 보아 알겠네."

내 평생에 선하심과 인자하심이 반드시 나를 따르리니 내가 여호와의 집에 영원히 살리로다 시 23:6

모든 것에 감사한

칼 바르트

내게 남은 일이라고는

'주님이 베푸신 모든 은혜를

잊지 말라!' 이 말씀을

부단히 떠올리며 그것을 내 안에

새기는 일밖에 없습니다.

신학자 칼 바르트(Karl Barth, 1886-1968)는 1886년 5월 10일 스위스 바젤에서 아버지 요한 프리드리히 바르트와 어머니 안나 카타리나 바르트의 첫째 아들로 태어났습니다. 아버지가 베른대학교에서 조직신학을 가르치면서 어린 시절을 베른에서 보냅니다.

18세에 스위스 베른에서의 신학 공부를 시작으로 베를린, 튀빙겐, 마르부르크 대학교에서 아돌프 하르낙Adolf von Harnack과 빌헬름 헤르만Johann Wilhelm Herrmann 등 자유주의 신학을 대표하는 학자들을 만납니다. 하지만 이들의 가르침에 의문을 품게 되고, 신학자 에두아르트 투르나이젠과 일생 친구이자 동료로 지냈습니다. 26세에 스위스 자펜빌Safenwil의 교회에 목사로 부임해 10년간 사역합니다.

1914년 제1차 세계대전이 발발했을 때 하르낙, 헤르만 등 93명의 독일 지성인이 전쟁에 찬성하는 성명을 발표하자 큰 회의에 빠지면서 새로운 신학의 길을 모색합니다. 이때 《로마서 주석》Der Römerbrief 을 집필하고 1919년 출판합니다. 이 책은 '자유주의 신학자들의 놀이터에 떨어진 폭탄'이라는 평가를 받습니다.

그리고 아돌프 히틀러 정권이 들어서면서 고백교회Confessing Church 신앙고백의 토대가 된 '바르멘 선언' Barmen Declaration을 작성합니다. 이 선언문은 1934년에 바르멘-게마르케Barmen-Gemarke 개혁교회에서 열린 독일 개신교 교회의 1차 고백총회에서 채택됩니다. 이로 인해 독일 본Bonn대학교의 교수직을 박탈당하고 독일 내에서의 일체의 강연도 금지당합니다. 1935년에 스위스로 추방된 후, 스위스 바젤대학교에서 27년간 학생을 가르칩니다.

바르트는 평생 복음의 주석과 해석을 위해 쓴 《교회교의학》 Kirchliche Dogmatik을 저술합니다. 그리고 하나님의 부름을 받은 1968년 12월 10일, 전날까지도 집필 원고를 준비하다 평안히 잠든 모습으로 하나님의 품에 안깁니다.

〈총회석상의 칼 바르트〉(1956년) ©Bundesarchiv,
Bild 194-1283-23A/Lachmann, Hans/Wikimedia Commons

스위스 신학자 칼 바르트가 하나님의 부름을
받기 얼마 전에 남긴 편지의 구절을 보면
그의 삶과 신앙의 면모를 읽을 수 있습니다.[38]
"돌아보니, 나는 어느 누구도 그 어떤 것도
불평할 게 없는 사람이었다. 다만 내가
통탄할 것이 있다면 나 자신이 오늘, 어제,
그제, 엊그제 하지 못한 것이리니, 그것은
진심으로 감사하지 못한 것이다.
아마도 내 앞에는 아직 힘겨운 나날들이

남아 있을 것이다. 그리고 가깝거나 먼 어느 날에는 나도 확실히 죽을 것이다. 어제를 돌아볼 때, 그보다 앞서간 모든 날을 돌아볼 때, 또한 앞으로 다가올 나날을 바라볼 때, 끝으로 확실하게 다가올 그 마지막 날을 내다볼 때, 내게 남은 일이라고는 '주님이 베푸신 모든 은혜를 잊지 말라!' 이 말씀을 부단히 떠올리며 그것을 내 안에 새기는 일밖에 없다."

바르트는 자신이 이룬 신학적 업적이나 방대한 저술을 자랑하기에 앞서, 하나님의 은혜를 알고 그것을 감사하는 사람이었습니다. 매 순간 하나님이 베푸신 은혜를 기억하고 감사하는 데 온 마음을 다했습니다. 그리고 그것은 죽음의 순간에도 마찬가지였습니다.

다 감사드리세

칼 바르트를 스위스 바젤의 회른리Hörnli 공동묘지에 묻고,
그다음 날 모인 추모식에서 사람들이 함께 부른 찬양은
찬송가 〈다 감사드리세〉였습니다.

"다 감사드리세 온 맘을 주께 바쳐. 그 섭리 놀라워
온 세상 기뻐하네. 예부터 주신 복 한없는 그 사랑. 선물로
주시네 이제와 영원히."

1968년 12월 14일, 이날의 추모식은 라디오로
생중계가 되었고, 추모 연설과 조사 그리고 중간에는
모차르트의 플루트 협주곡 G장조 제1악장 연주가
있었습니다. 추모식에는 바젤 대성당의 목사 베르너
펜트자크가 시편 103편을 낭독하는 순서도 있었습니다.

인생의 절정기 전에 쓰는 말

> 내 영혼아 여호와를 송축하라 내 속에 있는 것들아 다
> 그의 거룩한 이름을 송축하라 내 영혼아 여호와를 송축하며
> 그의 모든 은택을 잊지 말지어다 시 103:1-2

그리고 이 모든 것의 마지막으로 〈다 감사드리세〉를
합창했습니다. 바르트는 그중에서도 2절을 특히 좋아했다고
합니다.

"감사와 찬송을 다 주께 드리어라. 저 높은 곳에서
다스리시는 주님. 영원한 하나님 다 경배할지라. 전에도
이제도 장래도 영원히."

바르트는 1968년 12월 10일, 모차르트의 소나타를
들으며 삶을 마쳤습니다. 전날까지도 하루 종일 강연 원고

집필을 이어 갔고, 저녁 9시쯤 지인과 두 통의 전화를
했습니다. 먼저는 신앙적 후견인인 윌리 바르트Ueli Barth와
통화하며 따뜻한 위로의 말과 함께 찬송가 가사를 외워
들려주었습니다.

그리고 평생 친구인 에두아르트 투르나이젠Eduard
Thurneysen과 암담한 세계정세에 대한 이야기를
주고받았습니다. 전화를 끊고는 아직 완성하지 못한 원고를
내일 계속해서 쓸 생각을 하고 잠들었습니다. 그리고 잠드는
중에 숨을 거두었습니다.

이튿날 아침 부인 넬리 호프만이 침대로 갔을 때,
마치 잠을 자는 것처럼 침대에 누워 있었습니다. 두 손은
잠들기 전 기도하던 모습 그대로 가지런히 포개져 있었다고
합니다. 그가 미완으로 남긴 강연 원고에는 이런 문장이
적혀 있었습니다.[39]

"내가 편안하게 죽을지, 힘들게 죽을지 어찌 알겠는가?
내가 아는 것은 오직 이것, 나의 죽음도 나의 삶의 일부가 될
것이라는 사실이다. … 나는 내가 진정한 선과 진정한 악에
대해 생각하고 말하고 행동했던 모든 것과 더불어, 내가
진정한 어려움과 진정한 아름다움을 통해 경험한 모든 것과
더불어, 나의 온전한 '현존재'Dasein 안에서 그것과 더불어
드러나리니, 곧 재판관이신 그리스도 앞에 환히 드러나리라.

그분 앞에서 나는 실패자에 불과하다. … 그러나
오로지 그분의 약속에 따라 '의롭다고 인정받은 죄인'으로서
그분 앞에 설 수 있으며, 그렇게 서게 될 것이다. 그날이
오면 지금은 어둡기만 한 모든 것이 은총의 빛 안에서 아주
환해질 것이다."

〈칼 바르트 가족무덤〉 스위스 바젤 회른리 공동묘지
©EinDao/Wikimedia Commons

은혜와 함께 헤아려 본 슬픔

칼 바르트는 다섯 자녀를 두었는데, 그중에 둘째 아들
마티아스Matthias는 1941년 신학생 시절에 알프스 산맥을
등반하던 중 추락사합니다. 그때 나이 20세였습니다.

　　1941년 6월 25일, 아들의 장례식에서 아버지는
고린도전서 13장 12절의 말씀을 가지고 설교를 합니다.
이 말씀은 아들이 매일 방에서 보는 노老 신학자의 그림
밑에 새겨진 말씀으로 아들이 특별히 관심을 가진
성구였다고 합니다.

　　우리가 지금은 거울로 보는 것 같이 희미하나 그 때에는

얼굴과 얼굴을 대하여 볼 것이요 지금은 내가 부분적으로

아나 그 때에는 주께서 나를 아신 것 같이 내가 온전히 알리라

고전 13:12

칼 바르트는 이 성경말씀으로 삶의 시간인 '지금'과
죽음 이후의 '그때'가 예수 그리스도의 은혜로 서로 깊이
연결되어 있고 완전히 하나라고 설교합니다. 즉 예수
그리스도와 함께 서 있는 현재인 '지금'과 예수 그리스도를
만날 '그때'를 예수 그리스도가 묶으셨다는 것입니다.
그래서 먼저 하나님의 부름을 받은 아들 마티아스에게는
'그때'가 이미 '지금'과 같이하고 있다고, 지금 분명히 보고
싶고 알고 싶었던 예수님과 모든 일에 대해서 얼굴과 얼굴을
맞대고 이야기하고 있을 것이라고 합니다.

물론 아버지로 생전에 같이 있을 때 좀 더 잘해 주지
못한 것, 한 번 더 손을 잡고 따뜻한 대화를 나누지 못한 것에
대한 아쉬움은 컸습니다. 하지만 그리스도를 통해 죽음은
영광으로 가는 통로임을 믿었고 동시에 분명 '그때'와
'지금'이 아주 가까이 있음을 알기에 슬픔 가운데 애도만 할
수는 없다며 이렇게 설교를 마무리합니다.[40]

"비록 우리가 지금 당장 기뻐할 수는 없더라도,
질적으로 완전히 다른 종류의 환희로 가득 찬 음성을 이
모든 일이 일어났던 악한 장소 프뤼덴호른이나 우리가 방금
전에 보고 온 무덤에서까지 들을 수 있습니다. …

이런 음성을 듣게 될 때, 하나님의 선하신 뜻과 우리
마티아스의 삶과 죽음의 목적을 이루신 그분께 감사하는
것 외에 우리가 할 수 있는 일이 또 무엇이 있겠습니까?

비록 지금은 눈물을 흘리고 있지만 하나님은 우리의 삶의
목적도 동일하게 이루고 계십니다! 예수님이 우리에게
말씀하십니다. '나는 부활이요 생명이니라'(요 11:25)."

삶의 마지막 날까지 기억할 감사

칼 바르트는 우리 앞에 놓여 있는 죽음, 임종, 관, 무덤,
종말은 죄의 값이고 삶의 최종적 언어임에도 사람들은
심각하게 받아들이거나 죽는다는 것이 무엇인지 자각하지도
못하고 다만 삶을 즐겁게만 생각한다고 지적합니다.

　　그러나 그리스도인은 앞을 내다보며 부활을 통해
죽음을 극복하는데 이것은 어떤 저 세상으로의 도피가 아닌,
삶의 현실에서 만나는 것임을 강조합니다. 몸의 부활과
영원한 생명에 대한 그의 설명입니다.[41]

　　"그리스도교적 희망은 이미 영원한 생명의
씨앗으로서 존재한다. 예수 그리스도 안에서 나는 내가 죽을
수 있는 곳에 더 이상 있지 않다. 그분 안에서 우리의 육체는
이미 하늘에 있다. 우리는 성만찬의 증거를 수용할 때,
우리는 지금 여기서 이미 하나님이 만물 안에 계실 종말을
선취하면서 살아간다."

　　그러므로 칼 바르트는 죽음과 부활에 대한 이해에
있어 육체 없는 영혼이 불멸한다는 전통적인 영혼불멸설에
반대합니다. 영혼불멸설은 육은 더 낮고 굴레에 갇혀
있는 반면, 영은 더 높고 본질적인 것이라는 이분법적
사고에 따른 것으로 성경적으로 맞지 않다고 지적합니다.

육체와 영혼이 구별되지만, 그 둘이 분리되는 것은 아니기 때문입니다. 그래서 육체와 영혼이 분리되어 불멸하다가 마지막 날에 몸이 부활하여 다시 결합하는 것도 아닙니다. 인간은 영혼이면서 동시에 육체, 곧 전인全人으로 죽음을 맞이하고 하나님의 은혜에 의해 전인으로 부활함을 주장합니다.

아돌프 히틀러 정권이 들어서면서 바르트는 고백교회

〈칼 바르트 사무실과 책상〉, 책상 앞 벽에 있는 그림은 마티아스 그뤼네발트의
〈십자가 처형〉(The Crucifixion, 프랑스 동부 알사스 지방의 마을, 이젠하임의 수도원에 있는
제단화) ⓒConcord/Wikimedia Commons

신앙고백의 토대가 된 '바르멘 선언'을 작성합니다. 이것은 히틀러에 대해 충성을 맹세하는 독일 그리스도인 연맹에 반대해 발표한 것으로 교회의 머리는 오직 예수 그리스도임을 선언하고, 국가의 통치자들을 포함해 모든 인간은 죄인이며 그리스도의 구원이 필요한 사람임을 밝힙니다. 그는 하나님과 인간의 질적 차이 가운데 하나님의 전적인 은혜와 신성을 다음과 같은 표현 속에 담았습니다.[42]

"여러분이 큰 소리로 '인간'을 말하듯이 '하나님'을 말할 수는 없습니다."

바르트에게서 바르멘 선언의 주제는 복음의 주석과 해석을 위해 쓴《교회교의학》으로 이어지는데, 계시된 말씀revealed word과 기록된 말씀written word, 선포된 말씀proclaimed word이 신학의 중심 주제가 됩니다. '계시된 말씀'은 예수 그리스도 안에서 인간을 향해 직접 계시하시는 하나님의 사건이며, '기록된 말씀'은 하나님의 계시 사건을 증언해 놓은 것이고, '선포된 말씀'은 교회를 통해 증거되는 말씀입니다. 1932년 I/1 출간 이후 1967년까지 이어진 9,185쪽에 해당하는 방대한 분량의 저술은 미완의 작품으로 끝납니다. 마지막으로 출판된 열세 번째 책은 다른 학자들에 의해 보완 출간됩니다.

칼 바르트와 관련된 일화 중에 이런 이야기가 있습니다. 1936년 영국 애버딘대학교에서 초빙교수로 강의하던 때였습니다. 저녁 만찬에 참석하기 위해 택시를 탔는데, 마침 택시기사가 성경책을 열심히 읽고 있었습니다. 방대한 저서를 집필하고 있던 바르트는 택시기사가 대견하기도 하고 어느 정도 성경을 아는지 궁금해서 이런저런 신학적인 질문을 던졌습니다.

현학적인 질문에 택시기사는 자신은 어려운 히브리어나 헬라어를 모르고 성경의 기적과 비논리적인 사건은 어떻게 설명해야 할지 모르겠다고 솔직히 밝혔습니다. 하지만 성경이 하나님의 약속이고 그 아들이신 예수 그리스도는 그 약속의 증표요, 우리를 위해 구원을 이루셨고 심판하러 다시 오신다는 사실은 분명히 알고 믿는다고 대답했습니다.

택시기사의 이 말에 당황스러운 쪽은 오히려 칼 바르트였습니다. 자신의 신앙적 오만이 부끄러웠고, 이 사건을 계기로 신학자들과 철학자들의 논쟁의 대상이 아닌 교회를 위한 신학을 해야겠다는 생각을 갖게 되었다고 합니다.

예수 그리스도의 구원의 은혜와 그것에 대한 감사는 '지금'과 '그때' 그리고 죽음의 순간까지도 그를 이끌었습니다. 그는 자신은 죄인이며 절대적인 의존적 존재임을 철저히 인정했습니다. 그래서 오직 예수 그리스도 안에서 성령의 능력으로 계시된 하나님의 구속의 말씀으로 구원받을 수 있음을 믿었습니다. 거기에 참된 소망이 있음을 고백하면서 말입니다.

> 위의 것을 생각하고 땅의 것을 생각하지 말라 이는 너희가
> 죽었고 너희 생명이 그리스도와 함께 하나님 안에
> 감추어졌음이라 우리 생명이신 그리스도께서 나타나실 그 때에
> 너희도 그와 함께 영광 중에 나타나리라 골 3:2-4

나의 마지막 말. 감사

천 명의 죽음을 함께한 호스피스 전문가 오츠 슈이치는 저서 《죽을 때 후회하는 스물다섯 가지》
에서 죽음을 앞둔 이들이 지난 삶을 돌아보며 후회하는 것들 중에 첫 번째로 꼽은 것은 바로 '사
랑하는 사람에게 고맙다는 말을 많이 했더라면'이었다고 합니다.
즉 별일 아닌 것처럼 넘겨 버린 작은 것들에 대한 고마움을 표현하지 못한 것이나, 부끄러운 마
음에 감사를 충분히 전하지 못한 것을 가장 아쉬워한다는 말입니다. 소중한 이들의 얼굴을 떠올
리며 다하지 못한 감사의 말들을 적어 봅니다.

잠들지
않는 말

두 번째

소망

죽음을 잠으로 설명한

마르틴 루터

이제 내 영을

주님께 맡기려 합니다.

나는 이제 평안과 기쁨 가운데

떠나려 합니다. 아멘!

종교개혁자 마르틴 루터(Martin Luther, 1483-1546)는 1483년 11월 10일에 독일 아이슬레벤Eisleben에서 태어났습니다. 아버지의 뜻에 따라 법학에 입문합니다. 1505년 7월 2일, 에르푸르트 법과대학원에 입학한 루터는 부모님이 계신 만스펠트로 가던 중 슈토테른하임의 들판에서 번개로 인해 죽음의 공포를 느꼈고 광부들의 수호성인인 성 안나를 찾습니다. 그리고 서원을 지키기 위해 성 어거스틴 수도원으로 들어갑니다.

　　　수도생활을 하는 동안 항상 죄와 구원의 문제로 고민하며 기도와 미사, 금식과 수도원에서 정해 놓은 모든 의식을 지킴으로 이 문제를 해결하려고 했습니다. 그러던 중 수도원에서 '탑 속의 경험'을 합니다. 루터는 "내 하나님이여 내 하나님이여 어찌 나를 버리셨나이까 어찌 나를 멀리하여 돕지 아니하시오며 내 신음 소리를 듣지 아니하시나이까" (시 22:1-2)라는 말씀을 읽으며 자기 자신의 비참한 모습을 보게 됩니다. 그리고 로마서를 통해 하나님의 공의와 칭의와의 관계를 깨닫습니다. 비텐베르크Wittenberg로 돌아온 루터는 1512년에 신학박사 학위를 받고 비텐베르크대학교에서 교수로 성서를 강해합니다.

　　　1517년 10월 31일, 면죄부 판매 등 교황청의 타락과 부패에 대해 비텐베르크대학교 교회 문에 〈95개조 논제〉THE 95 THESES를 붙임으로써 한평생 교황과 가톨릭, 황제에 맞서 싸웁니다. 교황과 결탁한 황제가 보름스 칙령을 통해 루터의 시민권을 박탈하자, 현자 프리드리히 선제후는 바르트부르크 성에 루터를 은신시킵니다. 여기서 1521년과 이듬해, 10개월가량 머물며 신약성경을 독일어로 번역합니다. 〈독일 기독교 귀족들에게 보내는 편지〉, 〈교회의 바빌론 포로〉, 〈그리스도인의 자유〉 등의 저작을 통해 종교개혁의 정신을 알린 루터는 1546년 2월 18일 하나님의 부름을 받습니다.

<마르틴 루터>(루카스 크라나흐, 1528년)

루터는 1546년 1월에 고향 아이슬레벤으로
여행을 떠났고, 다시 비텐베르크로
돌아오지 못하고 이곳에서 지인들과
함께하며 임종을 앞두고 있었습니다.
루터는 심한 가슴 통증으로 잠을 깼고,
오한을 느껴 장작불을 더 때 방을 따뜻하게
해 주길 부탁했습니다. 그러더니 갑자기
땀을 흘렸고, 자신이 곧 죽을 것임을 알고
이렇게 말했습니다.[43]

"그것은 차가운 죽음의 땀이었습니다.
내 병이 점점 악화되니 이제 내 영을
주님께 맡기려 합니다. 나는 이제 평안과
기쁨 가운데 떠나려 합니다. 아멘!"

그때 루터는 세 번에 걸쳐서 시편 31편
6절 말씀, "내가 허탄한 거짓을 숭상하는
자들을 미워하고 여호와를 의지하나이다"를
되풀이하여 말했습니다.

이어 예수 그리스도를 믿는 믿음과
그 이름으로 고백했던 모든 것을 여전히
믿느냐는 질문에 진심 어린 목소리로
그렇다고 말한 후, 잠시 시간이 흐른 뒤인
1546년 2월 18일 새벽 2시경 세상을
떠납니다. 그리고 같은 달 22일, 수천
명의 사람이 길가를 가득 메운 가운데
비텐베르크로 운구되어 교회에 안장됩니다.

어떠한 형편에도 하나님의 뜻에 복종하는 삶

마르틴 루터는 64년의 생애 속에 설교자와 신학자, 저술가 그리고 교수와 개혁자로 역사에 큰 물줄기를 냈습니다. 하지만 임종하기 며칠 전에 남긴 마지막 메모에서 지금까지 이룬 엄청난 일들이 실로 작고 미약한 일임을 기록합니다. 그리고 자기 힘과 능력으로 이룬 일이 아니라, 앞서 하나님의 일을 감당했던 신앙인들의 도움과 그들의 수고의 결실임을 이렇게 적습니다.[44]

"5년 동안 먼저 목자나 농부로 살아 보지 않은 사람은 《목가시》*Bucolics* 와 《농사시》*Georgics* 를 쓴 베르길리우스를 이해할 수 없을 것이다. 이십 년 동안 중요한 공직에서 종사해 보지 않은 사람은 키케로의 편지를 이해할 수 없을 것이다. 백 년 동안 예언자와 함께 교회를 다스려 보지 않은 한 어느 누구도 성경을 충분히 맛보았다고 할 수 없다. … 우리는 걸인이다. 이것이 참이다."

루터는 성경의 완전함과 명료함 그리고 확실성을 믿었고, 성경은 교황이나 교회의 권위가 아닌 성경으로 해석되어야 함을 강조합니다. 그리고 선행과 공로로 의로워지는 것이 아니라, 죄로부터 인간을 구원하시는 하나님의 은혜로, 오직 믿음으로 의를 얻음에 대해 증언합니다. 거기에 참된 그리스도인의 자유가 있음도 선포합니다.

> 복음에는 하나님의 의가 나타나서 믿음으로 믿음에 이르게 하나니 기록된 바 오직 의인은 믿음으로 말미암아 살리라 함과 같으니라 **롬 1:17**

마지막 숨을 거둘 때까지 그의 숙적인 교황과의 싸움으로 자신의 묘비명을 '살아 있는 동안에 나는 당신의 전염병이었고 죽을 때 나는 당신의 죽음이 될 것이오, 오 교황'으로 준비했다고 합니다. 그가 얼마나 넘치는 활력과 열정을 가지고 하나님의 사람으로 활동했는지 알 수 있습니다.

그러나 루터는 특히 노년에 자주 나타났던 이명, 극심한 통증이 따르는 요도 결석, 순환기 장애와 심장의 일시적인 정지, 악마가 주는 시련이라고 생각한 우울증, 사망 원인이 된 발작을 동반한 협심증 등 여러 육체적 고통을 겪었습니다. 그럼에도 자신의 질병에 맞서 이런 고백을 합니다.[45]

"나는 하나님의 뜻에 복종합니다. 나를 오로지 그분께 드렸습니다. 그분이 모든 일을 돌보실 것입니다. 하나님은 생명과 부활이시니 그에겐 죽음이 없을 것입니다. 그분 안에 살고 그를 믿는 사람은 누구나 죽지 않을 겁니다. 그분은 죽어도 살 것입니다. 따라서 나는 그분의 뜻에 따를 뿐입니다."

〈교회 문에 「95개조 논제」를 박는 루터〉(페르디난드 파웰, 1872년)

그리고 루터는 아내 카타리나 폰 보라Katharina von Bora와
결혼해 낳은 자녀 중 1527년에 얻은 딸 엘리자베스Elizabeth가
8개월 만에 죽었을 때 그리고 1542년 13세였던
막달레나Magdalena가 죽었을 때, 그 아픔이 자신의 일부가
떨어져 나간 것처럼 고통스러웠지만 그 가운데서도 하나님의
뜻을 구했습니다.[46]

"우리 주 하나님이 허락해 주신다면 나는 너무도
사랑하는 내 귀여운 딸을 지켜 주고 싶어요. 하지만 그분의
뜻이 이루어질 겁니다! 사실상 더 좋은 일이 그녀에게 일어날
수는 없어요. 더 좋은 일이."

죽음의 두려움 중에 그리스도께서 주시는 자유

루터의 사망 소식에 교황주의자들은 이 이단자가
하나님과 세상으로부터 멀어져 곧장 지옥으로 떨어졌다고
선전했습니다. 이미 1545년부터 거짓 부고訃告가 돌았는데,
거기에는 루터가 폭식과 과음으로 시간을 보내고 교황을
저주하며 자신을 숭배하도록 강요한다는 내용이 있었습니다.
그리고 루터가 죽을 때 받은 성찬용 떡이 위胃에서 역류해
입 밖으로 나와 사람들이 기겁했고, 그를 매장할 때는 천둥과
번개가 쳤으며 무덤에서는 역겨운 냄새가 나 다가간 사람이
질병에 걸렸다고, 이런 일들로 인해 많은 사람이 회개하고
가톨릭교회로 나오게 되었다는 것이었습니다.

그래서 종교개혁 진영에서는 루터가 평안히 그리고
조용하게 하나님의 품에 잠들었다는 소식을 전해야

했습니다. 루터는 이런 교황주의자들에 대해 살아서나 죽어서나 강경한 입장을 보였습니다.[47]

　"죽으면 나는 유령이 되어 주교들, 사제들 그리고 신실하지 못한 수도사들을 괴롭히기를 원합니다. 그 결과 그들은 이전에 천 명의 산 사람들 때문에 겪게 되는 곤란함보다 죽은 루터로 인해 더 많은 곤란을 겪게 될 것입니다."

　루터는 생애 마지막 기간에 묵시론적인 사고와 표현들이 강해지는데, 비텐베르크에서의 사순절 주일설교에서 종말이 가까이 왔다며 이렇게 말했습니다.[48]

　"우리 모두는 죽을 수밖에 없으며, 어느 누구도 다른 사람을 위해 죽을 수는 없습니다. 각자는 스스로를 위해 죽음과 맞서 싸울 것입니다. 우리는 귓전에 대고 외칠 수는 있을 것입니다. 그러나 각자는 자신을 위해 죽음의 시간 속에서 준비해야만 합니다. 그때 나는 당신 곁에 있지 않을 것이며, 당신도 내 곁에 있지 않을 것입니다."

　루터가 태어난 시기, 유럽에서는 하나님의 심판과 지옥에 대한 두려움 그리고 죄책이 극심했습니다. 이것이 가톨릭의 면죄부 판매가 성공적으로 이루어진 한 요인이기도 했습니다. 루터 자신도 어린 시절부터 카드놀이를 하고 춤을 추던 것이 죄이고 이런 죄를 고백해야 한다고 생각했습니다. 그래서 슈토테른하임Stotternheim 근처에서 무시무시한 천둥 폭풍을 만나 죽을까 봐 겁이 났을 때, "나를 도우소서. 성 안나여! 저는 수도사가 되겠습니다"라고 소리칠 수밖에 없었습니다.

　실제로 20여 년간 수도사로 지내며 기도와 금식, 철야와 살을 에는 추위로 자신을 고문하며 하나님을 찾기

위해 모든 수행을 다했습니다. 그것은 거의 죽음으로 몰고
가는 고통이었고 다시는 하고 싶지 않은 경험이었습니다.
하지만 죄와 죄로 인한 죄책의 두려움에 멈출 수 없었습니다.
그런 루터가 참된 자유를 경험한 것은 성경말씀을
통해서였고, 그는 앞으로 이루어질 미래의 삶에 대해 이렇게
기록했습니다.[49]

"그리스도가 오셔서 무덤을 두드리며 '일어나라,
일어나라, 마르틴 루터여, 일어나라!'라고 말씀하실 때까지
그리스도인의 육신은 무덤에 누워 잠을 잡니다. 그때 우리는
한순간에 평온하고 기분 좋은 잠에서 깨어나고 영원히 우리
주 예수 그리스도와 함께 행복하게 살게 될 것입니다."

그러므로 예수께서 자기를 믿은 유대인들에게 이르시되
너희가 내 말에 거하면 참으로 내 제자가 되고 진리를 알지니
진리가 너희를 자유롭게 하리라 요 8:31-32

〈성경을 연구하는 루터〉(페르디난드 파웰, 1860-1903)

잠드는 것과 같은 그리스도인의 죽음

루터는 죽음은 형벌이기 때문에 죽음에 대한 두려움은
누구라도 자연스러운 것이라고 합니다. 그래서 사람은
죽음의 두려움을 피하고 싶고, 그로 인한 염려와 상실에
힘들어합니다. 그럼에도 그리스도인에게 죽음은 잠드는
것이기에 마치 잠에 빠져들 듯이 조용하고 평안하게
죽음을 맞이한다고 설명합니다. 무엇보다 예수 그리스도는
죽음에서 부활하시고 다시 죽지 않으셨기에 죽음은
주님에게 힘을 쓰지 못합니다. 마찬가지로 그리스도의
부활과 생명에 참여한 그리스도인에게도 죽음은 아무런
힘을 발휘하지 못합니다.

　　반면에 신앙이 없는 사람은 죽음을 느끼는 것만으로
끝나지 않고 죽음을 맛보기까지 하게 되는데, 그것은 죽음의
힘과 권위와 고통에 관계하기 때문입니다. 루터는 이와 같은
차이는 주님의 말씀을 가슴속에 새기고 있는지 여부에 따른
것이라고 합니다. 그리스도인은 말씀 속에서 생명을 본다며
이렇게 설명합니다.[50]

　　"그리스도인에게 있어서 죽음은 잠드는 것이고, 이를
통해서 생명으로 옮겨 가기 때문입니다. 그러나 신앙이 없는
사람은 생명에서 미끄러져 죽음을 영원히 느낄 것입니다."

　　특별히 이 잠을 그리스도인들이 "첫 번째 창조 때보다
훨씬 더 영광스럽고 아름답게 만들어질 두 번째 창조를 위한
중간과정"[51]이라고 주장합니다. 그러므로 그리스도인에게
죽음은 두렵고 끔찍한 일이 아니라, 하나님과의 영원한
삶을 위해 거쳐야 할 통과의례이고 동시에 그리스도인은

〈설교하는 마르틴 루터〉(루카스 크라나흐, 1547년)
비텐베르크 시(市) 교회의 '종교개혁 제단화'(Reformation altarpiece) 하단 부분

세상에서 겪는 죄와 죽음과 악의 싸움에 대한 최후 승리자가
됩니다.

인간은 죽을 때 어느 누구라도 세상에서 소유하던
것을 다 남겨 놓고 맨몸과 빈손으로 무덤에 들어갑니다.
그리고 심지어 작은 벌레가 시신 전체를 소멸시킬 정도로
인간은 철저히 연약하기에, 결국 이전까지의 삶이라는 것은
허무임을 루터는 지적합니다. 더 오래 살기를 바라는 것은
이 땅에서 좀 더 유숙함으로 그저 짧은 휴식시간을 늘리는
것일 뿐이라고요.

그래서 그리스도인에게 죽음은 잠을 자고 깨어난 후
경험하는 최후의 승리로서의 부활과 천국, 영생을 소망하게
하는 은총의 수단이 됩니다. 죽음이 없다면 죄도 결코 죽지
않을 것이기 때문이지요. 하나님은 죽음에 의해 죄가 멸하게
되는 은혜 깊은 벌을 주셨다고 루터는 설명합니다.[52]

"그러므로 우리는 충실한 신앙자들과 함께 기쁨으로
죽음을 맞이하고, 하나님 아버지의 깊으신 은총으로 죽음을
받아들여야 합니다. 하나님의 은총은 모든 불행을 제거하는

데 도움이 될 만큼 큰 것입니다. 그러므로 죽음은 은총이며 생명의 시작입니다."

루터는 죽음을 앞두고, 앞으로 맞게 될 죽은 자의 부활과 영원한 삶 그리고 죄와 악마와 죽음을 이기신 그리스도에 대한 믿음 속에 우리는 죽음의 한가운데서 삶에 에워싸여 있다고 고백합니다. 그리고 하나님을 찬양하는 중에 자신이 어디로 가야 할지를 알고 있으며, 죽음과 부활을 비텐베르크에서 만스펠트로 이동하는 여행보다도 짧은 한순간의 일이라며 이렇게 말했습니다.[53]

"잠시 잠들고 나면 달라져 있을 것이다."

본향을 향한 순례자

존 번연

오, 주님. 나를 받아 주소서.

내가 이제

당신께로 갑니다.

《천로역정》*The Pilgrim's Progress*의 저자요 설교자인 존 번연(John Bunyan, 1628-1688)은 영국 베드포드셔Bedfordshire 주의 엘스토elstow에서 가난한 대장장이의 아들로 태어났습니다. 어려운 가정형편에 어린 시절 제대로 된 교육을 받지 못하고 아버지와 대장장이의 일을 합니다. 그러다 청교도 혁명 때 의회파 군대에 소속되어 1644년부터 1646년까지 복무합니다. 그는 이때 동료가 죽는 것을 보며 죽음에 대해 진지하게 생각했다고 합니다.

번연은 청교도인 메리와 1649년 결혼하고, 성요한교회라는 베드포드 회중교회의 존 기포드John Gifford 목사에게 큰 감화를 받아 1653년 이 교회 성도가 됩니다. 아내가 가지고 온 청교도 문서들을 통해 개신교를 탄압한 가톨릭교회의 현실을 알고 비판합니다. 당시 영국은 권리청원(1628), 청교도 혁명(1642-1660) 등 정치적인 혁명기였습니다. 번연은 존 기포드가 죽은 후 성도들의 요청에 의해 이 교회에서 평신도로 설교를 하게 되고 이후 전도자의 삶을 삽니다.

찰스 2세의 왕정복고 이후 영국 국교회 체제를 따르지 않는 이들에 대한 박해가 시작되면서 번연은 설교했다는 죄목으로 체포되어 여러 해를 감옥에서 보냅니다. 하지만 하나님이 자신을 설교하라고 부르셨으니 설교를 그만둘 수 없다며 사역을 이어 가다 1688년 8월 31일 하나님의 부름을 받습니다.

〈존 번연〉(토머스 새들러, 1684년)

존 번연은 1660년 찰스 2세가

국교회 이외의 모든 종교를 탄압하며

설교를 금지시켰을 때도 설교를

계속해서 결국 체포됩니다. 그리고

1660년부터 1672년까지 12년간 영국 베드포드Bedford 감옥에서 긴 감옥생활을 합니다. 이후 반복된 감옥생활이 이어지는데, 그중에 그의 대표작 《천로역정》을 씁니다.

번연은 1688년 8월, 한 가정을 심방하고 돌아오는 길에 폭우를 만나 열병에 걸립니다. 그리고 10일 후인 1688년 8월 31일 친구의 집에서 폐렴으로 죽음에 이릅니다. 주님의 부름을 받기 전, 그의 최후의 말은 이것이었다고 합니다.

"오, 주님. 나를 받아 주소서. 내가 이제 당신께로 갑니다."

삶을 흔드는 죽음의 두려움

존 번연의《천로역정》에서 주인공 '크리스천'이 여정의
마지막인 새 예루살렘에 도착하기 바로 앞서 지나야 하는
것은 성을 가로막고 있는 강이었습니다. 강물의 깊이가
어떠냐는 질문에 돌아온 대답은 이것이었습니다.[54]

　　"수심이 얼마나 깊고 얕으냐는 그곳의 임금님을 믿는
신앙의 깊이에 달렸다."

　　강물은 깊고 건너갈 다리는 없어 어쩔 수 없이 강물에
뛰어든 크리스천은 죽음의 덫이 자신을 덮치는 것 같다고,
아무래도 젖과 꿀이 흐르는 땅을 못 볼 것 같다고
울부짖습니다. 큰 두려움이 몰려왔는데, 죽음에 대한
두려움과 지난 여행 도중 저지른 죄로 인한 죄책에
괴로웠습니다. 심지어 잡다한 귀신과 악령에 시달리는 듯
헛소리도 했습니다.

　　하지만 함께 여행 중인 '소망'이 있어 다행입니다.

〈『천로역정』의 한 장면〉(존 번연, 1821년)
장망성(장차 망할 성)에서 천성으로 가는 길을 안내하는 지도

소망은 성문과 우리를 맞으러 온 사람들이 보인다며
크리스천을 다독입니다. 그리고 예수 그리스도께서 지켜 주실
것이라며 기운을 내라고 격려합니다. 정신을 차린 크리스천은
힘을 내 이렇게 외칩니다.[55]

"오, 주님이 다시 보여! '내가 너와 함께하고, 네가 강을
건널 때에도 물이 너를 침몰시키지 못할 것'이라고 말씀하시네!"

그렇게 두 순례자는 용기를 내서 강을 건넜습니다.
강물은 몰라보게 얕아졌고, 크리스천은 단단한 바닥을 찾아
두 발로 굳게 섰습니다.

마지막 두려움인 죽음의 두려움마저 이기는 힘은
소망입니다. 그 소망의 핵심은 예수 그리스도의 죽음과
부활인데, 예수님이 죽음을 이기심으로 우리도 죽음을 새롭게
대할 용기와 소망을 얻습니다.

죽음 앞에서도 믿음이 흔들리지 않을 수 있고, 오히려
죽음이 새로운 삶을 향한 시작임과 동시에 지금의 삶을
제대로 살게 하는 시금석이 되는 것은 예수님과 함께하는
그리스도인에게 주어진 귀한 선물입니다. 그러므로
그리스도인은 죽음이 덮어씌우는 두려움에 도망할 것이
아니라, 하나님을 믿는 믿음으로 담대히 맞서야 하는 것이지요.

야곱아 너를 창조하신 여호와께서 지금 말씀하시느니라
이스라엘아 너를 지으신 이가 말씀하시느니라 너는 두려워하지
말라 내가 너를 구속하였고 내가 너를 지명하여 불렀나니
너는 내 것이라 네가 물 가운데로 지날 때에 내가 너와 함께 할
것이라 강을 건널 때에 물이 너를 침몰하지 못할 것이며 네가 불
가운데로 지날 때에 타지도 아니할 것이요 불꽃이 너를 사르지도

못하리니 대저 나는 여호와 네 하나님이요 이스라엘의 거룩한

이요 네 구원자임이라 내가 애굽을 너의 속량물로, 구스와

스바를 너를 대신하여 주었노라 사 43:1-3

고난 중에 더욱 풍성한 하나님의 은혜

번연이 1660년부터 1672년까지 12년간 베드포드Bedford
감옥에 갇혀 있을 때, 앞을 보지 못하는 10세 된 딸과 아내가
면회를 왔습니다. 그는 살이 뼈에서 떨어져 나가는 고통을
느꼈습니다. 그래서 설교만 하지 않으면 풀어 주겠다는 말에
마음이 흔들렸습니다. 하지만 이런 고통의 과정을 통해
하나님의 말씀 속에 숨어 있는 보화를 발견합니다.

또 다시 1677년 감옥에 갇히는데, 이때 그의 대표작
《천로역정》1부를 완성하고 1678년 2월에 출간합니다.
그리고 6년 뒤인 1684년 2부를 완성합니다. 감옥에서의
경험에 대해 번연은 이렇게 믿음의 고백을 합니다.[56]

"일생 동안 지금처럼 하나님의 말씀에 깊이 들어가
본 적이 없다. 평소에는 그냥 지나쳤던 말씀이 감옥 안에서
내게 빛을 비춰 준다. 예수 그리스도가 지금처럼 내게
현실로 분명하게 다가온 적이 없었다. 이곳에서 그분을
보았고, 그분의 존재를 느낄 수 있었다. 내가 본 적들을
도저히 말로 표현할 수가 없다. 하나님께서는 자비로우셔서
고통을 느끼지 않게 하시고, 성경 하나로 역경을 이기도록
강건케 하신다. 더 큰 위로를 받기 위해 더 큰 시련을 달라고
기도해도 될까?"

〈베드포드 감옥의 존 번연〉(1874년) 눈먼 딸이 존 번연이 갇혀 있는 감옥을 떠나려는 순간

예수께서 이르시되 내가 곧 길이요 진리요 생명이니 나로
말미암지 않고는 아버지께로 올 자가 없느니라 요 14:6

고난당한 것이 내게 유익이라 이로 말미암아 내가 주의
율례들을 배우게 되었나이다 시 119:71

번연은 하나님이 자신을 설교하라고 부르셨는데
어떻게 입을 닫을 수 있겠느냐고 했습니다. 결국 그를
감옥에 가두기 위해 치안 판사들 앞으로 끌고 갔습니다.
번연은 그들 앞에서 이렇게 말했습니다.[57]
　"판사님, 그리스도의 법은 두 가지 순종의 길을
예비해 놓았습니다. 그 하나는 내가 내 양심 안에서
적극적으로 해야 한다고 믿는 일을 행하는 것입니다. 그리고

나는 내가 적극적으로 순종할 수 없는 일에 있어서는 납작
엎드려 기꺼이 사람들이 내게 저지른 악한 일을 묵묵히 참아
내는 것입니다."

당신께로 가오니 나를 받으소서!

새들백교회의 릭 워렌Rick Warren 목사와 그의 아내 케이는
27세의 아들 매튜를 잃고서 더 없이 힘든 시간을
보냈습니다. 아들 매튜는 오랜 우울증과 정신병에 지쳐
결국 스스로 목숨을 끊었기에 그 슬픔은 더욱 컸습니다.
비극이 일어나고 1년쯤 지났을 때, 릭 워렌 목사는 이 사건을
통해 부활의 의미를 새롭게 깨닫게 되었다고 합니다.
        사람은 누구나 인생에서 고통과 혼란을 수없이
경험합니다. 그러므로 그때마다 스스로에게 고통의 날에
무엇을 하고, 의심과 혼란의 나날을 어떻게 지내며, 어떻게
기쁨과 소망의 말을 이룰지 질문하고 그것에 대한 답을
찾아야 합니다. 릭 워렌은 이 질문에 대한 대답은 바로
'부활절'이었다고 힘주어 말합니다.[58]
        "고통을 어떻게 이겨 냈느냐는 질문을 자주
받았습니다. 그때마다 저는 '답은 부활절이다'라고
대답했습니다. 알다시피 예수님의 죽음과 장례, 부활은 사흘
사이에 일어났습니다. 성 금요일은 고통의 날이었습니다.
토요일은 의심과 혼란, 비통의 날이었고요. 하지만
부활주일은 소망과 기쁨, 승리의 날이었습니다."
        이 땅에서 살아가는 중에 겪는 수많은 어려움의

이유에 대한 명확한 대답을 얻지 못하는 경우가 많습니다.
그럴 때마다 삶을 흔드는 두려움에 휘둘릴 것이 아니라,
담대함으로 믿음의 발걸음을 내딛는 것이 중요합니다.
죽음의 문 앞에서도 마찬가지입니다. 주님께로 가는 그날에
얻게 될 부활에 대한 믿음이 우리를 흔들리지 않도록 붙잡아
줄 것입니다.

하나님의 사람 아우구스티누스Aurelius Augustinus의
《고백록》Confessiones 제1권 첫 문구입니다. [59]

"당신은 우리 인간의 마음을 움직여 당신을 찬양하고
즐기게 하십니다. 당신은 우리를 당신을 향해서 살도록
창조하셨으므로 우리 마음이 당신 안에서 쉴 때까지는
편안하지 않습니다."

하나님 만날 날을 사모한

드와이트 무디

오늘은 내가

면류관을 쓰는 날이야.

참으로 영광스러운 날이지.

전도자 드와이트 무디(Dwight Moody, 1837-1899)는 1837년 2월 5일, 미국 매사추세츠주 이스트 노스필드East Northfield에서 벽돌공의 일곱 자녀 중 여섯째로 태어났습니다.

4세 때 아버지 에드윈 무디가 공사장에서 사고로 세상을 떠납니다. 생계를 유지하기 어려워지면서 무디는 13세에 학교 공부를 중단합니다. 어려운 환경 속에서도 청교도 가문의 사람인 어머니 베시 홀튼은 무디에게 하나님의 일보다 세상일을 앞세우면 안 된다고 가르치며 자녀들을 키웠습니다.

17세 때 보스턴에서 구두 가게를 운영하는 외삼촌 새뮤얼 밑에서 일하는데, 그 시기에 교회학교 선생인 에드워드 킴볼Edward Kimball을 만나며 회심합니다. 이후 시카고로 가서 구두 세일즈맨으로 성공하지만, 1857년 부터는 신앙부흥운동에 열중하며 YMCA(기독교청년회) 회장을 맡습니다. 이때 어린이와 함께한 주일학교 사역은 1864년 무디가 목사로 사역한 일리노이즈스트리트교회Illinois Street Church를 설립하는 계기가 됩니다.

1871년 시카고 인구의 3분의 1인 10만 명이 집을 잃은 대화재에서 무디의 집과 교회 그리고 YMCA 회관인 파월 홀Powell Hall이 전소됩니다. 그럼에도 그해 영국 방문을 시작으로 1873년까지 2년여에 걸쳐서 영국 곳곳에서 복음성가 가수인 아이라 생키와 함께 전도사역을 펼칩니다.[60]

그리고 1886년 시카고에 대형 텐트를 치고 개인 전도자들을 훈련시키는 것을 시작으로 대화재로 전소된 교회를 대신해 새로 지은 애비뉴 교회에서 '시카고 성경연구원' 정규 성경공부반을 만듭니다. 이 사역은 토레이Reuben Archer Torrey 박사의 참여와 함께 '무디 성경학교'로 자리 잡게 됩니다. 1895년에는 시카고에 기독교서회를 설립하여 성서와 찬송가, 기독교 서적 보급에도 기여하던 무디는 1899년 12월 22일 하나님의 품에 안길 때까지 무려 100만 명 이상을 전도한 세계적인 전도자로 활동합니다.

〈드와이트 라이먼 무디〉

전도자 드와이트 무디가 죽음을 앞에
두고 남긴 말은 "오늘은 내가 면류관을
쓰는 날이야. 참으로 영광스러운
날이지"[61]였습니다. 그는 자신의
죽음이 임박했을 때 주변 사람들에게
이렇게 말했습니다.[62]
"당신은 어느 날 신문에서 이스트

노스필드 태생의 D. L. 무디가 죽었다는 소식을 보게 될 것입니다. 그러나 그 말을 믿지 마십시오. 바로 그 순간에 나는 현재의 나보다 더 생생한 모습으로 살아 있을 것입니다. 나는 더 높은 곳으로 올라갈 뿐입니다. 다시 말해서 이 낡은 육체를 벗어나 영원한 집으로 들어가니, 죽음이 침노할 수 없으며 죄가 더럽힐 수 없는 몸, 주님의 영광스러운 몸과 같이 변화되었을 것입니다. 나는 육신으로는 1837년에 태어났고 영적으로는 1855년에 태어났습니다. 육으로 난 것은 죽지만 영으로 태어난 것은 영원히 살 것입니다."

천국을 소망하는 삶

무디가 1899년 12월 22일 죽음을 앞둔 순간, 잠깐 잠든
사이에 천국의 영광을 보고는 깨어나 자녀들에게 "땅은
멀어지고 천국 문이 내 앞에 열리는구나"라며 중얼거리듯이
말했습니다. 그러자 옆에서 간호하던 아들 윌 무디가 꿈꾸는
것이라고 생각해 깨우려고 하자, 무디는 이어 이렇게
말했습니다.[63]

　　"아니다. 분명 꿈이 아니다. 윌, 참으로 아름답구나.
참으로 황홀하구나. 이것이 만약 죽음이라면 죽음은 참으로
행복한 것이로다! 거기엔 고난도 없다. 하나님이 나를
부르신다. 나는 가야 한다."

　　고향 노스필드Northfield 자택에서 임종하던 날, 사위
피트와 아들 윌 무디가 간호했는데 무디는 잠들어 있을
때가 많았습니다. 별다른 약을 복용하지 않았고 의식이 매우

〈드와이트 무디의 장례식〉(윌버 채프만, 1900년)

약해지는 가운데 혼수상태에 빠지기도 했습니다.

하지만 의사가 니트로글리세린nitroglycerin 피하 주사를
놓으려 하자, 그렇게 하는 것이 정말 맞는지 물으며 오히려
가족들에게 더 큰 근심만 안겨 줄 것이라고 말렸습니다.
그는 자신이 거대한 문을 통과해 천국 문 안으로 들어갔고
그곳에서 자신을 위한 대관식이 베풀어진 것을 보았다며
가쁜 숨을 몰아쉬었습니다. 그리고 아내의 손을 잡은 중에
이런 말을 남기고 하나님의 부름을 받습니다.[64]

"여보, 이제 나는 하나님의 뜻을 따라가오. 잠시 동안
당신과 헤어지지만 천국에서 다시 만나게 될 것이오. 너무
염려 말고 주님을 의지하고 살아가시오."

무디의 무덤 비석에 기록된 성경말씀은 요한일서
2장 17절 "하나님의 뜻을 행하는 사람은 영원히
거하느니라"입니다.

> 이 세상이나 세상에 있는 것들을 사랑하지 말라 누구든지
> 세상을 사랑하면 아버지의 사랑이 그 안에 있지 아니하니 이는
> 세상에 있는 모든 것이 육신의 정욕과 안목의 정욕과 이생의
> 자랑이니 다 아버지께로부터 온 것이 아니요 세상으로부터
> 온 것이라 이 세상도, 그 정욕도 지나가되 오직 하나님의 뜻을
> 행하는 자는 영원히 거하느니라 요일 2:15-17

성령으로 새롭게 태어난 또 다른 생일

어느 날, 교회학교 선생인 에드워드 킴볼이 무디에게

진정으로 십자가에서 죽고 부활하신 그리스도를 마음속으로
영접한 적이 있느냐고 물었습니다. 사실 그때까지 무디는
그런 경험을 하지 못했습니다. 킴볼은 무디의 손을 잡고
간절히 기도했고, 18세의 소년인 무디에게 성령의 불길이
쏟아졌습니다. 그는 가슴이 너무 뜨거워져 밖으로 뛰어나가
"하나님 그만, 그만요!"라고 외쳤다고 합니다. 이날의 경험을
어머니에게 편지로 써 보내며 성령으로 새롭게 태어난 둘째
생일을 기뻐해 달라고 했습니다. 그 후 신앙부흥운동과
주일학교 사역을 적극적으로 펼칩니다.

비록 제대로 된 교육과정을 충분히 거치진 못했지만,
오히려 부족한 사람을 들어 더욱 귀하게 쓰시는 하나님은
그의 삶을 통해 역사하셨습니다. 후에 누군가가 어떻게
하나님을 잘 알 수 있고 또 잘 섬길 수 있는지 물었을 때, 그는
이렇게 대답했습니다.[65]

"만약 우리가 어떤 사람에 대해서 잘 알고자 한다면
그 사람을 잘 알고 있는 사람을 찾아가 자세하게 물어보아야
합니다. 마찬가지로 하나님에 대해서도 잘 알고 싶다면
하나님을 아주 잘 알고 하나님과 가깝게 지내는 사람에게
가서 알아보아야 합니다. 그들은 성경에 나와 있는 믿음의
사람입니다. 성경을 통해서 그들을 살펴보면 하나님을 가장
잘 알 수 있고 잘 섬길 수 있습니다. 그러므로 우리는 성경을
사랑해야 합니다."

그러나 하나님께서 세상의 미련한 것들을 택하사 지혜 있는
자들을 부끄럽게 하려 하시고 세상의 약한 것들을 택하사 강한
것들을 부끄럽게 하려 하시며 하나님께서 세상의 천한 것들과

멸시 받는 것들과 없는 것들을 택하사 있는 것들을 폐하려

하시나니 이는 아무 육체도 하나님 앞에서 자랑하지 못하게

하려 하심이라 고전 1:27-29

무디가 뉴욕에서 강연을 마치고 다른 곳으로 가기

위해 마차를 타려 할 때였습니다. 어떤 노인이 손가락으로

무디를 가리키며 다른 데서 연설할 때는 성령님께 경의를

표하라고 이야기해 주었습니다. 그때의 경험은 그에게

특별한 것이었고, 무디는 그 상황을 이렇게 설명합니다. [66]

"난 마차에 올랐고, 곧바로 마차를 몰고 출발했습니다.

그러나 노인의 목소리가 귓가에 계속 맴돌았고, 사실 난 그

말이 무슨 뜻인지 정확하게 깨닫지 못했습니다. 6개월이

지나서야 하나님께서 그 메시지의 의미를 알려 주시더군요.

바로 전적으로 성령께 의지하라는 것이었습니다. 그날부터

오늘까지 많은 청중 앞에 설 때마다, 나를 가리키던 그

노인의 손가락이 보이고 그 목소리도 들립니다. '성령님께

경의를 표하게.'"

무디의 삶과 사역은 성령을 의지하며 성령께

민감하게 반응하는 것이었습니다. 인생의 중요한 전환점이

되었던 순간에 성령의 인도하심을 경험했고 그것은

역동적인 복음 증거의 역사로 나타났습니다. 동시에 기회가

될 때마다 주변 사람들과의 교제를 통해 예수 그리스도를

전했습니다.

일하는 중에도 예수 그리스도를 전할 기회를 찾았고

특히 주일학교를 통해 가난하고 어려운 형편의 사람들을

도왔습니다. 남북 전쟁 중에 부대를 돌아다니며 병사들과

전쟁 포로들에게 하나님의 말씀을 전했고 부상당하고
죽어가는 사람들에게 도움의 손길을 펼쳤습니다.

> 하나님 앞과 살아 있는 자와 죽은 자를 심판하실 그리스도
> 예수 앞에서 그가 나타나실 것과 그의 나라를 두고 엄히
> 명하노니 너는 말씀을 전파하라 때를 얻든지 못 얻든지 항상
> 힘쓰라 범사에 오래 참음과 가르침으로 경책하며 경계하며
> 권하라 딤후 4:1-2

죽음의 위험 앞에서 평안을 경험한 순간

무디의 생애 중에서 죽음의 위협에 직면한 순간이
있었습니다. 영국에서의 부흥회를 마치고 아들과 함께
미국으로 돌아가기 위해 사우스햄튼에서 출항하여 뉴욕으로
가는 스프리Spree 호에 탑승했습니다. 출항하고 사흘째 되는
날, 선실에서 시카고 만국박람회 집회에 대해 생각하고 있을
때 엄청난 충돌 소리와 함께 배 전체가 흔들리는 경험을
합니다. 돛이 부러져 배가 부서지면서 바닷물이 들어오기
시작했는데, 근처를 지나는 배도 없어 7백여 명의 승객은
겁에 질려 두려움에 떨고 있었습니다.

　　무디는 평소 죽음에 대한 두려움 없이 살았습니다.
죽음을 주제로 종종 설교하면서 그리스도인은 믿음으로
말미암아 죽음에 대해 승리함을 전했습니다. 남북 전쟁
당시에 총알이 빗발치는 죽음의 사선死線을 넘나들었습니다.
또한 시카고에 콜레라가 기승을 부렸을 때에는 의사들과

함께 병자와 죽어 가는 사람을 돌보며 죽음의 현장에
있었습니다. 그럼에도 이런 때에는 죽음에 대한 두려움을
느끼지 못했는데, 침몰하는 선상船上에서 실제로 죽음을
목전에 둔 이 순간은 이전과 달랐습니다. 집에 있는 아내와
자녀, 미국과 영국에 있는 친구와 모든 소중한 것들에
생각이 미치고 이 모든 것들로부터 영원히 멀어질 것이라는
생각이 들자 공포가 몰려오며 마음이 무너지는 것을
경험했습니다.

무디는 기도했고 그리고 성령의 임재를 경험하는
중에 평안을 누렸습니다. 그리고 자신의 모든 상황을
하나님께 맡기고 감사하는 마음을 가지고 잠시 눈을
붙입니다. 결국 사고가 나고 7일 만에 레이크 휴런Lake Huron
호의 도움으로 살게 됩니다. 그는 그때의 경험을 통해 이런
고백을 합니다.[67]

"'주의 뜻이 이루어지리이다', 내가 이 기도를 한 순간
놀라운 평화가 가슴에 밀려왔다. 이제는 '노스필드나 천국'
중 그 어느 장소에 놓이든 상관이 없었다. 나는 잠자리에
들어가서 즉시 깊은 잠에 빠져들고 말았다. 내 평생 그렇게
단잠을 자 본 적은 없었다. 나는 영혼 깊은 곳에서 주님께
부르짖었으며, 주님은 내 기도를 들으시고 모든 두려움에서
건져 주신 것이다."

죽음의 위협 앞에서도 성령의 돌보심으로
평안을 경험했던 무디는 생의 마지막 순간에 하나님의
은혜로 천국의 영광과 면류관을 바라보는 중에 평안히
생을 마칩니다. 모든 그리스도인이 바라는 그런 모습으로
말이지요.

생명을 주는 죽음을 보인

선교사 서서평

먼저 가니

하늘나라에서

다시 만납시다.

서서평 선교사(Elisabeth Johanna Shepping, 1880-1934)는 미국남장로교 해외선교부가 조선에 파송한 독일계 미국인 선교사입니다. 1880년 9월 26일에 독일 비스바덴Wiesbaden의 가톨릭 집안에서 태어났는데, 3세 때 아버지가 돌아가시고 어머니는 미국으로 이민을 가게 되면서 할머니의 돌봄을 받습니다.

　　1891년에 할머니가 돌아가시면서 미국에서 어머니와 재회합니다. 고등학교를 졸업한 후, 뉴욕 시립병원에서 간호학을 공부하고 뉴욕 브루클린 유대인 병원에서 수간호사로 근무하며 유대인 결핵환자 요양소에서 봉사활동을 합니다. 그리고 뉴욕 시립성서사범학교를 다니다 친구로부터 조선의 병원에 훈련된 간호사가 필요하다는 말을 듣고 조선의 선교사가 되기로 결심합니다.

　　일제 강점기인 1912년, 32세의 나이로 한국에 와 한국어와 한국 풍속을 익히며 광주 제중병원을 시작으로 군산 구암예수병원과 서울 세브란스병원 등에서 사역합니다. 공중위생 개선과 간호인력 양성에도 힘을 써 간호학 관련 책을 집필하고 번역서를 냅니다. 1923년 한국간호협회를 창립하여 초대 회장이 되고, 1929년 7월에는 캐나다에서 모인 국제간호협회ICN의 한국 대표로 두 명의 간호사와 함께 참석합니다.

　　선교사역만이 아니라, 당시 가부장제 사회에서 차별받고 억압받는 불우한 여성들과 과부와 고아들을 돌보았습니다. 그리고 조선 여성들에 대한 서서평 선교사의 사랑은 1926년 한국 최초의 여성학교인 이일(Neel, 李一)학교 설립으로 이어집니다.

　　그녀는 스프루Sprue라는 만성흡수불량증을 앓았고 이로 인한 장간염과 영양실조로 130일을 투병생활하다 1934년 6월 26일 새벽 4시경, 광주 양림동 자택에서 하나님의 부름을 받습니다.

<서서평 선교사> ©광주제일교회

병상에 누워 있던 서서평 선교사의 호흡이
갑자기 멈추었을 때, 그녀는 천국 문 앞에
서 있는 자신에 대한 꿈을 꾸었습니다.
그때 만난 베드로에게 내가 지금 천국으로
들어가려는데 왜 즉시 문을 열지 않느냐고
물었고, 베드로로부터 당신의 그 급한
성격을 고치고 오지 않으면 못 들어간다는
대답을 듣습니다. 그래서 서서평은 수문장
베드로와 열두 진주로 찬란하게 단장한
천국 문만 잠깐 보고 깼습니다.

서서평은 이 이야기를 지난 23년간을 함께한 박해라 전도사에게 전하며 "온유한 자는 복이 있나니 그들이 땅을 기업으로 받을 것임이요"(마 5:5)라는 말씀을 언급했습니다. 그리고 성질 사나운 자신이 감히 천국에 들어갈 수 있겠느냐며 탄식했다고 합니다.[68]

이 일이 있던 1934년 2월 17일 이후, 병상에서 130일을 합병증으로 투병하던 서서평은 자신의 주변에 모인 지인들에게 "세 시경에 천사들이 올 겁니다. 찬송을 불러 주세요"라고 요청했습니다. 찬송 소리에 미소를 지으며 만족스러워하던 서서평은 이런 말을 남기고 1934년 6월 26일 천국에 이릅니다.[69]

"이제는 아무것도 할 말이 없습니다. 먼저 가니 하늘나라에서 다시 만납시다."

자신의 모든 것을 내어 준 선교사

서서평 선교사가 하나님의 부름을 받았을 때, 그녀가 남긴
것은 담요 반 장, 지갑 안의 27전, 부엌의 강냉이가루 두
홉이 전부였습니다. 생필품이 생길 때마다 주변의 가난한
이들에게 나눠 주었기 때문입니다. 그리고 시신마저
세브란스의대에 연구용으로 기증합니다.

장례는 광주 최초의 시민사회장으로 10일 동안
치러졌는데, 장례식장은 그야말로 눈물바다였다고 합니다.
많은 걸인과 나환자들이 뒤따르며 '어머니!'라고
통곡했습니다. 그리고 광주시 남구 양림동의 선교사
묘역에 안장됩니다.[70]

> 나는 이제 너희를 위하여 받는 괴로움을 기뻐하고 그리스도의
> 남은 고난을 그의 몸된 교회를 위하여 내 육체에 채우노라
> 내가 교회의 일꾼 된 것은 하나님이 너희를 위하여 내게 주신
> 직분을 따라 하나님의 말씀을 이루려 함이니라 골 1:24-25

서서평이라는 이름은 성격이 급한 편이어서 서서히
해야겠다는 '서서'徐徐에, 모난 성격을 평평하게 하겠다는
'평'平을 더해 스스로 지은 이름이라고 합니다.[71]

선교사역뿐만 아니라, 공중위생 개선과 가부장제
사회에서 차별받고 억압받는 불우한 여성들과 과부와
고아들을 돌보았습니다. 여성이 자신의 정체성을 회복하고
자립생활이 가능할 수 있도록 도왔습니다. 그래서 명주, 모시,
삼베 등의 천에 자수를 놓아 책상보, 손수건 등의 수예품을

만들어 미국 교회에 전해 바자회를 열게도 했습니다.

이런 과정에서 선교사로서의 특권을 온전히 내려놓고 한국인과 똑같이, 예를 들어 한복 차림에 고무신을 신고 한국의 고아를 둘러업고는 이리저리 뛰어다니며 사역했습니다.

그리고 1922년 사재私財를 털어 양성학교를 시작하는데, 1926년 미국인 친구 로이스 니일(Lois Neel, 한국명 이일)의 도움을 받아 양림 뒷동산이라 불리는 선교사 마을에 붉은 벽돌로 3층 건물의 이일학교를 세웁니다. 이 학교는 1941년 9월에 신사참배 반대로 폐교되고, 이후 1961년 미국남장로교 선교부의 방침에 따라 전주 한예정신학교와 합병되면서 한일여자신학교(한예정신학교의 '한'과 이일학교의 '일', 현 한일장신대학교)가 됩니다.

서서평이 1921년 3월 16일에 쓴 미국 테네시주 내쉬빌 선교부로 보낸 선교보고서에서는 당시 이름 없이 살던 조선 여성들에게 이름을 붙여 주면 기뻐하던 그녀의 모습을 읽을 수 있습니다.[72]

"그 어떤 조선 여인도 '누구누구의 아내' 혹은 '누구누구의 할머니' 혹은 '누구누구의 영예로운 말'honorable horse 혹은 '이런저런 동네 출신 여인' 혹은 '돼지 할머니' 혹은 '어떤 마을 망나니the village dogs 엄마' 등등의 이름으로 기록되지 않습니다. 모든 여인들은 각자의 '이름'을 갖게 됩니다! 혹시 이름이 없거나 알지 못하거나 들은 적이 없어서 기억하지 못하는 여인이 있다면 우리가 이름을 지어 주었습니다. 여러분이 이 일을 해결하였던 이 선교사의 기쁨을 결코 헤아릴 수 없을 겁니다!"

천국에 대한 소망으로 가득 찬 삶

서서평 선교사의 삶은 이 땅이 아닌 천국에 항상 초점이
맞추어져 있었습니다. 그래서 일상의 관심이 세상에만
한정되어 물질에 대한 욕구를 따라 선택하고 결정하며 쉽고
편한 넓은 길을 가려는 사람들에게 경종을 울립니다.

> 좁은 문으로 들어가라 멸망으로 인도하는 문은 크고 그 길이
>
> 넓어 그리로 들어가는 자가 많고 생명으로 인도하는 문은 좁고
>
> 길이 협착하여 찾는 자가 적음이라 마 7:13-14

기독교 변증가인 리 스트로벨Lee Strobel은《불변의
소망》*The Case for Hope*에서 천국의 소망은 그리스도인에게
그리스도인으로서의 가치를 확증시킴으로 이전과는 다른
더 높은 시각으로 용기와 미래에 대한 기대를 가지게 한다고
설명합니다.[73]

〈서서평 선교사와 동역자 박해라 전도사〉Ⓒ광주제일교회

먼저 천국이 있다는 것은 내가 하나님께 정말 소중한 존재임을 깨닫게 해줍니다. 나를 위해 마련해 주신 곳, 그리스도인들이 머물 곳이 천국이기 때문입니다. 그리고 하나님을 멀리 떠나 죄 가운데 살던 존재인 나를 하나님의 자녀 삼아 주신 것에 대한 감사의 마음도 천국을 소망할 때 생깁니다.

또한 천국에 대한 소망 가운데 천국에서 하나님과 영원히 산다는 확신을 얻고 나면 인생을 바라보는 시각 자체가 이전과는 전혀 다른 차원으로 변합니다. 높은 곳에 올라 저 먼 곳을 조망하듯, 영원에 대한 시각이 열림으로 일상의 삶을 영생의 관점에서 보게 됩니다. 우리가 알 수 없었던 천국을 알아 가는 중에 거울로 예수님을 보는 것처럼 희미하던 신앙이 보다 구체화됩니다.

그리고 천국에 대한 소망 중에 그리스도인은 죽음조차도 장애물이 될 수 없음을 알기에 담대함을 얻습니다. 죄와 죽음의 문제라는 인간의 힘으로 스스로 해결할 수 없는 인생의 가장 중요한 문제 앞에서 좌절하던 삶이 새로운 용기와 사명으로 충만해집니다. 일상에서 천국을 알아 가고 경험해야 할 이유가 여기에 있습니다.

> 우리 주 예수 그리스도의 아버지 하나님을 찬송하리로다 그의 많으신 긍휼대로 예수 그리스도를 죽은 자 가운데서 부활하게 하심으로 말미암아 우리를 거듭나게 하사 산 소망이 있게 하시며 썩지 않고 더럽지 않고 쇠하지 아니하는 유업을 잇게 하시나니 곧 너희를 위하여 하늘에 간직하신 것이라 벧전 1:3-4

생명을 주는 그리스도인의 죽음

서서평은 한국의 불우한 여성들만 아니라, 길거리에 버려진
한센병 환자와 걸인, 병든 사람을 병원으로 안내했습니다.
매 맞고 쫓겨난 여성들과 윤락녀로 전락할 위기의 소녀 등
사회적 약자들을 집에서 돌보고 학교에서 교육하여 자립적
삶을 살도록 도왔습니다.

　　1929년 캐나다에서 열린 국제간호협회ICN 참석 후
미국에 들러 1년간 공부하는 시간을 가집니다. 그때 집안
대대로 믿어 오던 가톨릭을 거부하고 개신교로 개종했다며
자신을 쫓아낸 어머니를 18년 만에 다시 만납니다. 그런데
어머니는 서서평의 초라한 모습에 놀라 집안 망신이니 보기
싫다며 여전히 배척했다고 합니다.

　　비록 그렇게 어머니로부터 외면당한 서서평
선교사였지만, 양아들 '요셉'과 큰딸 '곽애례'부터
막내딸 '이홍효'까지 열세 명의 딸을 입양해 키운 사랑의
어머니였습니다. 장성한 딸을 버린 조선의 어머니와는 달리
입양한 자식들이 공부할 수 있도록 도왔고 남편감을 찾으러
다니기까지 했다고 합니다. 육신의 어머니의 역할, 그 이상의
일들을 감당한 삶이었지요.

　　그리고 선교사로 살던 내내 병고에 시달렸지만
1920년부터는 광주 제중병원을 중심으로 전라도 전역에서,
1933년에는 제주도까지 순회하며 환자를 돌보는 등 한국 땅
곳곳을 섬기는 데 힘쓰다 죽음을 맞습니다.

　　비록 질병으로 안타까운 죽음을 맞지만, 한 사람의
죽음으로 많은 생명을 살리는 생명을 주는 죽음이었습니다.

그런 삶이고 죽음이었기에 죽음을 앞두고 자신의 삶에 대해 다음과 같은 감사의 고백을 합니다.[74]

"하나님의 무한하신 사랑을 깨닫게 해 주시니 감사. 하나님 나라에 들어가기 위해 죄 씻음 받을 기회 주시니 감사. 주님의 고난을 만분의 일이라도 체험할 수 있게 해 주시니 감사. 완전한 천국백성으로 삼기 위해 연단 받은 것 감사. 간호사로서 남의 아픔에 무감각했던 잘못을 깨닫게 해 주신 것 감사. 한국 백성이 베풀어 준 사랑에 감사. 몸을 의학연구 자료로 제공할 수 있는 마음 주시니 감사."

그러나 이제 그리스도께서 죽은 자 가운데서 다시 살아나사 잠자는 자들의 첫 열매가 되셨도다 사망이 한 사람으로 말미암았으니 죽은 자의 부활도 한 사람으로 말미암는도다 아담 안에서 모든 사람이 죽은 것 같이 그리스도 안에서 모든 사람이 삶을 얻으리라 고전 15:20-22

〈양자 요셉을 업고 있는 서서평 선교사〉ⓒ광주제일교회

헨리 나우웬Henri Nouwen은《거울 너머의 세계》*Beyond the mirror*에서 '생명을 주는 죽음'과 '그저 죽음으로 끝나는 죽음'에 대해서 이야기합니다. 그 자신이 교통사고로 죽음의 문턱까지 가게 되었을 때의 경험에서 중요한 사실을 배웁니다. 그것은 나의 죽음의 모습이, 즉 내가 어떻게 죽느냐 하는 것이 많은 사람에게 영향을 끼친다는 사실이었습니다.

만일 내가 분노와 쓴 뿌리 가운데 죽어 가는 모습을 가족이 보게 된다면, 가족과 주변 사람들은 혹시 자신들이 무엇인가 잘못해서 그런 것은 아닌지 죄책감에 부끄러워하거나 삶과 죽음에 대해 부정적인 생각을 하게 됩니다. 반면 내가 죽음을 앞두고 감사하다는 말과 함께 기쁨을 표현하면 남게 될 이들은 평안함을 느낍니다. 또 용서받아야 할 것에 대해서는 용서를 구하고 용서해야 할 것은 기꺼이 용서하면 미래의 삶에 대한 새로운 기대를 하게 될 것이라며 이렇게 말합니다.[75]

"나는 깨달았다. 가장 깊은 차원에서, 죽음이야말로 가장 중요한 삶의 행위이다. 우리는 죽음을 통하여 다른 사람들을 죄책감으로 묶어 놓을 수도 있고, 자유로이 감사할 수 있는 상태에 놓아 둘 수도 있다. 이 차이는 두 가지 죽음 사이의 선택에서 오는 것이라 할 수 있다. 하나는 '생명을 주는 죽음'이고, 또 하나는 '그저 죽음으로 끝나는 죽음'이다."

서서평 선교사가 죽음 앞에서 천국을 바라고 소망하며 한 마지막 말은 '생명을 주는 죽음'이 되어 여러 사람의 마음에 쉽게 잊을 수 없는 흔적을 남겼습니다. 그리고 그 말과 행동은 지금도 여전히 선한 영향력을 끼치고 있습니다.

서서평 선교사의 삶과 사역을 '환대 선교'의 관점에서 본 한일장신대학교 임희모 교수는 구체적으로 '무조건적 환대', '대속적 환대', '순교자적 환대'로 설명합니다.[76]

"서서평은 십자가에서 죽고 부활하신 환대자 예수 그리스도를 따르는 고백적 신앙의 실천인으로서 성령의 능력 안에서 무조건적 환대를 실시하였다. 또한 그녀는 가난한 사람들과 불우한 여성들을 자기의 책임으로 떠맡아 이들의 인질이 되어 대속적 환대를 실시했다. 자신은 병들고 영양실조로 고통을 겪으며 죽어 가면서도 불우한 여성들을 위하여 이들의 인질이 되어 대속적 환대를 실천함으로써 순교자적 환대를 행하였다."

십자가의 길을 소망한

순교자 주기철

내 하나님 나라에 가서 산정현

교회와 조선 교회를 위해서

기도하겠소. 내 이 죽음이 한 알의

썩은 밀알이 되어서 조선 교회를

구해 주기를 바랄 뿐이요.

주기철(朱基徹. 1897-1944) 목사는 경상남도 창원군 웅천면 북부리에서 1897년 11월 25일 아버지 주현성과 어머니 조재선의 아들로 태어났습니다. 아버지 주현성은 1914년 8월에 입교하고, 이듬해 6월에 세례를 받아 11월 영수領袖직을 맡습니다. 부자父子는 웅천교회를 출석했습니다.

주기철은 고향에 있던 개통학교라는 초등학교 졸업 후, 이승훈 장로가 평북 정주에 세운 오산학교에 1913년 진학합니다. 오산학교 시절 이승훈과 조만식에게서 신앙적인 많은 영향을 받습니다. 그리고 언더우드가 설립한 연희전문학교에 1916년 입학합니다. 학교생활 중에 안질이 악화되어 휴학을 하고 고향으로 내려와 치료를 받습니다. 이후 1917년 10월 고향 근처 김해읍교회에 출석하던 안갑수와 결혼해 5남 1녀를 두었습니다.

1920년 9월에 있었던 한 부흥사경회에 참석해 김익두 목사의 새벽기도회에서 '성령을 받으라'는 제목의 설교를 듣는 중 자신이 하나님 앞에 엄청난 죄인임을 깨닫고 통회하는 경험을 합니다. 그리고 1922년 3월 평양에 있는 장로회신학교에서 신학 수업을 시작합니다. 1933년 5월, 아내가 젊은 나이에 죽은 후, 오정모와 재혼합니다.

주기철 목사는 신사참배를 거부하다 수감생활을 반복하는데, 결국 이전부터 앓던 안질이 더욱 심해지고 폐와 심장이 급속도로 악화 되었습니다. 무엇보다 혹독한 고문으로 병세가 심해지면서 병감으로 옮겨집니다. 그리고 1944년 4월 21일 순교합니다.

〈주기철〉

주기철 목사가 평양 감옥에서 옥고를

겪고 있을 때, 아들 주광조는

어머니 오정모와 함께 마지막 면회를

합니다. 그때 주광조는 "당신은 꼭

승리하셔야 합니다. 결단코 살아서는

이 붉은 문 밖을 나올 수 없습니다"라는 어머니의 말에 이어진 아버지의 유언과 같은 말을 듣습니다."

"그렇소. 내 살아서 이 붉은 벽돌문 밖을 나갈 것을 기대하지 않소. 나를 위해서 기도해 주오. 내 오래지 않아 주님 나라에 갈 거요. 내 어머니와 어린 자식을 당신한테 부탁하오. 내 하나님 나라에 가서 산정현교회와 조선 교회를 위해서 기도하겠소. 내 이 죽음이 한 알의 썩은 밀알이 되어서 조선 교회를 구해 주기를 바랄 뿐이요."

따뜻한 숭늉 한 그릇 먹고 싶소

주기철 목사는 자신의 시신을 고향으로 가져가지 말고, 평양
기독교인 묘지인 돌박산에 묻어 달라는 유언을 남깁니다.
고통스러운 기억이 있는 평양임에도 자신의 생명을 다해
신앙을 지키고 교회와 성도를 위해 기도하던 이곳에 남고
싶었던 것입니다.[78]

　"나를 웅천熊川에 가져가지 말고 평양 돌박산에 묻어
주오. 어머니도 세상 떠나시거든 내 곁에 묻어 주오."

　그리고 마지막으로 아내 오정모에게 남긴 말은 "여보,
나 따뜻한 숭늉 한 그릇 마시고 싶은데…"였다고 합니다.

　이런 유언의 말을 남기고 그 자리에 쓰러지자, 바로
간수들이 감방으로 옮겼습니다. 죽은 듯 누워 있던 그는
1944년 4월 21일 밤 9시경에 하나님의 부름을 받습니다.

> 또 다른 천사가 와서 제단 곁에 서서 금 향로를 가지고 많은
> 향을 받았으니 이는 모든 성도의 기도와 합하여 보좌 앞
> 금 제단에 드리고자 함이라 향연이 성도의 기도와 함께 천사의
> 손으로부터 하나님 앞으로 올라가는지라 계 8:3-4

　주기철 목사의 어머니는 아들이 죽기 전날 밤 꾼
꿈에서 아들이 흰옷을 입고 와서 절하고 하직하는 모습을
보고 놀라서 깼다고 합니다.

그리스도인이 준비해야 할 죽음

주기철 목사가 성도의 죽음과 죽음의 준비에 대해 생각하던 바를 〈종교시보〉宗敎時報 제3권 8호(1934년 8월) '사死의 준비'라는 제목의 글에서 살펴볼 수 있습니다.

　　그는 죽음 준비는 곧 영생의 준비라고 할 수 있다며, 고린도후서 5장의 장막집이 무너지면 하나님께서 지으신 집이 하늘에 있다는 말씀은 우리가 육신을 떠나 하나님께로 돌아감을 가리킨다고 설명합니다.

> 만일 땅에 있는 우리의 장막 집이 무너지면 하나님께서 지으신 집 곧 손으로 지은 것이 아니요 하늘에 있는 영원한 집이 우리에게 있는 줄 아느니라 참으로 우리가 여기 있어 탄식하며 하늘로부터 오는 우리 처소로 덧입기를 간절히 사모하노라 고후 5:1-2

〈주기철 목사 장례식 모습〉ⓒ제일문창교회역사기념관

그는 가장 확실한 죽음을 준비하지 않는 것은 마귀의 속임을 받아 안심하는 것이라고 합니다. 그래서 일찍 일어날 때 충분히 기도로 준비하고, 집을 나가 모든 일을 하고, 밤에 침상에 누울 때에도 기도로 준비하고 누우라고 합니다. 즉 내일 또 내년이 내 것이 아님을 강조합니다. 그는 "신자여! 준비합시다. 사死의 준비를!"이라며 준비해야 할 죽음에 대해 '사死의 준비'라는 제목의 글에서 다음의 것을 말합니다.[79]

1. 사망을 두려워하지 않도록 준비할 것입니다. 죽을 때 두려워함은 형벌의 염려가 있음인데, 양심은 하나님 앞에서 행한 대로 증거합니다. 세상 사람이야 알 건 모르건, 칭찬하건 말건, 생전에 하나님을 경외하는 생활을 하면 천국에 갈 것입니다.

2. 비애의 사망이 되지 않도록 준비할 것입니다. 세상 사람은 소망이 없기에 가는 자도 보내는 자도 슬픔밖에 없습니다. 소망 없는 길을 떠나면 위로가 없고 슬픔밖에 없지만, 성도는 천국에서 서로 만나 주를 영접하며 영광 중에 생활할 것입니다. 또한 죄가 될 만한 허물이 없는 것을 생각하면 기쁠 수밖에 없습니다.

3. 재물을 하늘에 쌓으십시오. 사망 시에 슬프지 않습니다. 이 땅에 소망을 두고 재물을 모으고 모든 것을 쌓으면 이것에 연연하여 떠날 때에 울고 슬퍼할 것입니다. 하지만 성도는 재물을 하늘에 쌓고 소망을 천국에 두고 천국을 위해 일할 것입니다.

한 알의 밀알이 되는 죽음

예수님의 모든 말씀이 귀하고 소중하지만, 십자가상에서
남기신 일곱 말씀은 구약에서부터 시작된 하나님의 약속의
성취와 예수님의 사역의 핵심을 보여 줍니다. 마지막 한
말씀까지도 하나님의 역사를 이룬 물꼬가 되었습니다.

> 첫 번째 말씀, "아버지 저들을 사하여 주옵소서" 눅 23:32-34
>
> 두 번째 말씀, "오늘 네가 나와 함께 낙원에 있으리라" 눅 23:39-43
>
> 세 번째 말씀, "여자여 보소서 아들이니이다" 요 19:25-27
>
> 네 번째 말씀, "나의 하나님, 나의 하나님, 어찌하여 나를
>
>   버리셨나이까" 마 27:46
>
> 다섯 번째 말씀, "내가 목마르다" 요 19:28-29
>
> 여섯 번째 말씀, "다 이루었다" 요 19:30
>
> 일곱 번째 말씀, "아버지 내 영혼을 아버지 손에 부탁하나이다"
>
>   눅 23:44-49

십자가상에서의 이 말씀은 우리의 죄를 대신 지신
예수님의 죽음의 의미를 생각나게 합니다. 우리의 삶과
죽음이 예수님의 십자가의 죽음과 부활과 하나임을
말이지요. 수많은 비난과 저주 속에서도 예수님은 하나님의
뜻에 순종함으로 죽음의 자리로 나가셔서 한 알의 밀알이
되셨고 그런 예수님을 하나님이 높이셨습니다. 우리도 이
예수님의 부활에 동참할 것입니다.

사람의 모양으로 나타나사 자기를 낮추시고 죽기까지

복종하셨으니 곧 십자가에 죽으심이라 이러므로 하나님이 그를
지극히 높여 모든 이름 위에 뛰어난 이름을 주사 하늘에 있는
자들과 땅에 있는 자들과 땅 아래에 있는 자들로 모든 무릎을
예수의 이름에 꿇게 하시고 모든 입으로 예수 그리스도를 주라
시인하여 하나님 아버지께 영광을 돌리게 하셨느니라 빌 2:8-11

1997년 대한예수교장로회(통합) 서울동노회는 주기철
목사의 목사직 복권을, 이어 2006년 4월에는 평양노회에서
목사명부 복적을 선언합니다. 1938년 9월 조선예수교장로회
총회가 신사참배를 결의하면서, 1939년 12월 평양노회에서
주기철 목사를 총회 결의 불이행이라는 이유로 파면시킨
것에 대한 조치였습니다.

그는 일사각오一死覺悟의 신앙으로 인해 자신이
속한 총회에서조차도 파면을 당하고 마침내 순교에
이르렀습니다. 감옥에 갇혀 있다 잠시 석방되던 날, 1940년
2월 첫 주일 평양 산정현교회에서 마태복음 5장 11-12절과
로마서 8장 31-39절로 마지막 설교를 합니다. 그는 이렇게
말합니다.[80]

"주님을 위하여 열 백 번 죽어도 좋지만 주님을
버리고 백 년, 천 년 산다 한들 그 무슨 삶이리오! 오! 주여!
이 목숨을 아끼어 주님께 욕되지 않게 하시옵소서. 이 몸이
부서져 가루 되어도 주님 계명을 지키게 하시옵소서. …
주님 저를 위하여 죽으셨거늘 제가 어찌 죽음을 무서워 주님
모르는 체하오리까! 다만 일사각오가 있을 뿐입니다."

나로 말미암아 너희를 욕하고 박해하고 거짓으로 너희를

거슬러 모든 악한 말을 할 때에는 너희에게 복이 있나니

기뻐하고 즐거워하라 하늘에서 너희의 상이 큼이라 너희 전에

있던 선지자들도 이같이 박해하였느니라 마 5:11-12

주기철 목사는 이 설교에서 강단에 서게 된 것을
하나님의 은혜로 생각하고 감사하며 갇힌 중에 늘 기도하던
다섯 가지 제목을 이야기합니다. 그 중 한 가지는 "죽음의
권세를 이기게 하여 주시옵소서"였습니다. 자신의 목숨을
빼앗으려는 검은 손이 시시각각 다가와 곧 죽음에 직면할
것임을 알기에 사망 권세를 이기게 해달라고 기도할 수밖에
없었습니다.

그는 인간은 모두 죽음 앞에서 탄식하며 떨고
슬퍼하는데, 마귀가 사람을 위협하는 최대의 무기가 바로
죽음이라고 합니다. 아담과 하와의 범죄 이후 황제와
장수와 재상, 성현, 군자, 위인, 걸인 모두 죽는데 그중에는
불쌍하고 비참한 죽음도 있음을 전하며 성도들에게 이렇게
말합니다.[81]

"나의 사랑하는 교우 여러분! 그리스도의 사람은
살아도 그리스도인답게 살고 죽어도 그리스도인답게 죽어야
합니다. 죽음이 무서워 예수를 저버리지 마십시오."

기록된 바 내가 너를 많은 민족의 조상으로 세웠다 하심과

같으니 그가 믿은 바 하나님은 죽은 자를 살리시며 없는 것을

있는 것으로 부르시는 이시니라 롬 4:17

예수 그리스도와 더불어

살며 죽은 본회퍼

이로써 끝입니다.

그러나

나에게는 삶의 시작입니다.

신학자이자 목회자였던 디트리히 본회퍼(Dietrich Bonhoeffer, 1906-1945)는 1906년 2월, 독일의 저명한 정신과 의사인 아버지 칼과 어머니 파울라의 여섯째로, 일곱째인 자비네와 쌍둥이로 태어났습니다.

1928년에 바르셀로나에서의 첫 교구사역을 시작으로, 1931년 11월에 베를린 티어가르텐Tiergarten의 성마태교회에서 목사 안수를 받습니다. 1933년에는 런던의 독일인 교구 중 두 곳인 시드넘 연합교구와 성 바울 개혁교회 교구목사로 사역하며 유대인을 비롯한 망명으로 고통을 겪는 사람들을 만납니다.

그리고 제2차 세계대전이 일어나고 마리아 폰 베데마이어와 약혼한 해인 1943년 4월 5일, 독일 비밀경찰에 의해 히틀러 암살을 공모한 죄로 체포됩니다. 그리고 1945년 4월 9일 새벽, 사형이 집행되어 순교에 이릅니다.

〈디트리히 본회퍼〉ⓒBentley Historical Library

1945년 쇤베르크Schöneberg의 한 학교 교실에서 드린 작은 예배가 끝날 때쯤, 신사복 차림의 남자 둘이 들어와서 이렇게 말했습니다. "본회퍼 죄수, 우리와 함께 가게 준비하시오."

그 말의 의미는 바로 교수형을 가리키는 것이었고, 함께 예배드리던 이들은 본회퍼와 작별 인사를 했습니다.

그때 본회퍼는 옆에 있던 동료 수감자인 영국군 장교 패인 베스트Payne Best에게 이런 말을 마지막으로 남겼습니다.[82]

"이로써 끝입니다. 그러나 나에게는 삶의 시작입니다."

육체의 죽음은 끝이 아닌 새로운 시작

디트리히 본회퍼는 히틀러 암살을 공모한 죄로 체포되어 테겔 형무소에 갇힙니다. 그곳은 악취로 가득했고 옆방에서는 통곡소리가 들려왔습니다. 가로 2미터, 세로 3미터의 감방에서 생활하는데, 문에는 밖에서 본회퍼를 감시하기 위한 틈새가 있었지만 그는 밖을 볼 수 없었습니다. 그나마 있던 조그만 채광창도 너무 높아 아무것도 볼 수 없었습니다.

　　무엇보다 고문을 견디지 못하거나 심문 중에 함께 활동하는 친구들의 이름을 댈까 봐 두려웠습니다. 부모와 다른 가족 그리고 약혼녀의 생사가 위태로울 수 있는

〈플로센뷔르크 강제수용소 사형장〉감옥 안뜰의 사형집행 장소
©Concordiadomi/Wikimedia Commons

위협도 받았습니다. 그렇게 모든 것이 죽은 것과 같은
완전 중지를 경험하며 고통스러운 시간을 보냅니다. 이후
제국중앙보안국의 지하 감옥을 거쳐 부헨발트Buchenwald
강제수용소로 이감됩니다.

그리고 1945년 4월 8일, 부활절 다음 첫 번째
주일에 퓐더 박사가 예배를 인도해 달라는 제안에 따라
감방으로 쓰던 쇤베르크의 한 학교교실에서 작은 예배를
인도했습니다. 이사야 53장 5절과 베드로전서 1장 3절을
읽고 말씀을 전했습니다.

> 그가 찔림은 우리의 허물 때문이요 그가 상함은 우리의 죄악
> 때문이라 그가 징계를 받으므로 우리는 평화를 누리고 그가
> 채찍에 맞으므로 우리는 나음을 받았도다 사 53:5

> 우리 주 예수 그리스도의 아버지 하나님을 찬송하리로다
> 그의 많으신 긍휼대로 예수 그리스도를 죽은 자 가운데서
> 부활하게 하심으로 말미암아 우리를 거듭나게 하사 산 소망이
> 있게 하시며 벧전 1:3

예배가 끝날 때쯤 찾아온 두 남자는
플로센뷔르크Flossenbürg 강제수용소에서 급파된 이들로
본회퍼를 데리러 온 것입니다. 본회퍼에 대한 군법회의가
바로 이루어지고 다음 날인 4월 9일 새벽에 처형이
집행되는데, 죽음을 자유에 이르는 길의 마지막 정류장으로
여겼던 본회퍼는 두려움과 슬픔만이 아닌 새로운 소망으로
죽음의 순간을 받아들였습니다.

죽음을 변화시킨 경건한 믿음

본회퍼의 죽음에 대한 신앙적 이해는 런던에서 목회하던
시절인 1933년 11월의 한 설교에서도 분명히 들어납니다.[83]
　　"… 세상살이가 끝날 때에만 삶은 시작됩니다.
이 세상에 있는 것은 모두 막이 오르기 전 도입에
불과합니다. … 죽음이 공포의 대상인 것은 사람이 죽음을
두려워하고 무서워하며 살기 때문입니다. 우리가 잠잠히
하나님의 말씀을 굳게 붙잡는다면, 죽음은 사납지도
무섭지도 않을 것입니다. 우리가 괴로워하지 않는다면,
죽음은 견디기 어려운 것이 아닐 것입니다. 죽음은 하나님을
믿는 이들에게 하나님이 베푸시는 은총이며, 가장 큰 은혜의
선물입니다. …

　　죽음이 우리의 본향, 기쁨의 장막, 영원한 평화의
왕국에 이르는 문이라는 것을 우리가 깨닫기만 한다면,
죽음은 천상의 능력으로 우리를 손짓하여 부를 것입니다. …
우리가 믿음으로 죽음을 변화시키지 않으면, 죽음은 지옥과
어둠과 쌀쌀맞은 것이 되고 말 것입니다. 그러나 놀라운
사실은 우리가 죽음을 변화시킬 수 있다는 것입니다."
　　이처럼 본회퍼는 죽음을 일상적인 관점과는 전혀
다른 새로운 시선으로 보았습니다. 당연하게 여기던 죽음의
두려움과 공포를 믿음의 눈으로 바라봄으로써 그 가운데서
하나님이 주시는 새로운 생명을 맛보았습니다. 비록 세상의
불의와 죄악 그리고 죽음이 승리하는 것 같은 상황에서도
예수 그리스도 안에 감춰진 영원한 생명을 목도하는 중에
감사함으로 순교의 자리에 이릅니다. 저서《윤리학》*Ethik*에서

이렇게 밝힙니다.[84]

"부활하신 분과 같은 모습이 된다는 것은 하나님 앞에서 새로운 인간이 된다는 것을 의미한다. 새로운 인간은 죽음 한가운데서 산다. 그는 죄 한가운데서 의롭다. 그는 낡은 것 한가운데서 새롭다. 그의 비밀은 세상에 항상 감추어져 있다. 그가 살아 있는 것은 그리스도가 살아 계시기 때문이다. 그는 오직 그리스도 안에서만 살아 있다."

그래서 본회퍼는 사형 집행이 이루어진 그날에도 경건함을 유지하며 죽음을 맞이합니다. 오전 5시에서 6시 사이 카나리스 제독, 오스터 장군, 토마스 장군, 자크 판사 등 피고들과 함께 감방에서 끌려 나왔고 곧 군법회의에서 판결문이 낭독되었습니다. 본회퍼가 누구인지 전혀 알지 못했던 플로센뷔르크 강제수용소 담당 의사 피셔-휠슈트롱H. Fischer-Huellstrung은 10년 뒤에 놀라움을 담아 본회퍼의 마지막 몇 분에 대해 이렇게 증언합니다.[85]

"막사에 있는 한 방의 반쯤 열린 문을 통해, 나는 본회퍼 목사가 죄수복을 벗기 전에 바닥에 무릎을 꿇고 자신의 주 하나님께 진심으로 기도하는 모습을 보았다. 나는 이 신비한 힘을 지닌 사람이 기도하는 방식을 보고 깊은 감명을 받았다. 어찌나 경건한지, 하나님이 그의 기도를 들어주셨다고 확신할 정도였다. 그는 형장에서 다시 짤막한 기도를 드린 다음, 용감하고 침착하게 계단을 밟고 교수대에 올라갔다. 그는 몇 초 뒤에 죽었다. 지난 50년간 의사로 일하면서, 그토록 경건하게 죽음을 맞이한 사람을 본 적이 없다."

1945년 7월, 그의 부모는 독일 베를린

샤를로텐부르크 마린부르커알레 43번지의 3층 주택에서
평소처럼 영국 BBC 라디오 방송을 틀었습니다. 그리고
방송을 통해 진행되는 추모예배를 듣고 비로소 아들,
본회퍼의 죽음 소식을 알게 됩니다.

　　본회퍼의 아버지는 4남 4녀를 두었는데, 둘째 아들
발터Walter는 제1차 세계대전 중인 1918년 서부 전선의
야전병원에서 박격포 포격으로 상처를 입어 전사합니다.
셋째 아들 클라우스Klaus는 제2차 세계대전 중인 1945년 4월
23일 게슈타포에 총살당합니다. 그리고 안타깝게도 넷째
아들 본회퍼의 마지막 소식은 그렇게 그가 죽은 지 여러 달
후에 라디오 방송을 통해서 듣습니다.

그리스도 안에서 날마다 죽는 그리스도인

제2차 세계대전이 일어난 1939년, 본회퍼는 미국 유니온
신학교에서 강의를 맡습니다. 그런데 5주 만에 자신에게
닥칠 위험을 알고도 다시 독일로 돌아갑니다. 그때의 일에
대해 라인홀드 니버Reinhold Niebuhr에게 보낸 편지에 이렇게
썼습니다.[86]

　　"지금 와서 생각해 보면 미국에 온 것은
실수였습니다. 나는 우리 민족사의 힘든 시기를 독일에 있는
그리스도인들과 함께 겪지 않으면 안 됩니다. 내가 이 시대의
시련을 나의 국민과 함께하지 않으면, 나는 전후 독일에서
기독교적인 삶을 복구하는 일에 참여할 자격을 얻지 못하게
될 것입니다."

독일로 돌아온 본회퍼는 사역을 재개하지만 제국중앙보안국National Office for Security에 의해 강연을 금지당합니다. 이때 고백교회를 위해 일하며 모의謀議를 위한 다양한 임무를 수행하면서 신학적 묵상을 이어 갑니다. 그리고 목사 후보생 백여 명에게 회람용으로 보낸 편지에 젊은 그리스도인의 죽음의 이유, 죽음이 하나님의 뜻인지 아닌지에 대한 것 그리고 예수 그리스도의 십자가와 부활이 죽음과 어떤 관계가 있는지에 대한 대답도 담았습니다.

이 질문에 대해 본회퍼는 먼저 젊은 그리스도인의 죽음에 대해 인간적인 사고를 그만두어야 함을 지적합니다. 하나님은 실수하지 않는 분임과 동시에 친히 사랑하는 자를 본향으로 부르심을 기억해야 한다고 말이지요.

그리고 죽음과 마주하여 '그것은 하나님의 뜻이다'와 '그것은 하나님의 뜻이 아니다'를 나란히 놓고 보면, 그리스도 한 분만이 죽음의 정복자이므로 죽음은 하나님을 섬길 수밖에 없음을 깨닫게 된다며 이렇게 설명합니다.[87]

"… 하나님이 원하시는 것은 예수 그리스도의 죽음을 통한 죽음의 정복입니다. 예수 그리스도의 십자가와 부활 속에서 죽음이 하나님의 능력 속으로 들어왔으므로 죽음은 이제 하나님의 의도에 봉사하지 않으면 안 됩니다. 숙명에 굴하는 것으로는 죽음을 완전히 극복할 수 없습니다. 우리를 위해 죽으시고 부활하신 예수 그리스도를 믿는 살아 있는 믿음으로만 죽음을 완전히 극복할 수 있습니다. …"

이 편지의 후반부에서 예수 그리스도 안에서 날마다 죽는 가운데 육체적 죽음은 끝이 아닌 예수 그리스도와 함께하는 삶으로 이어진다고 강조합니다.[88]

"예수 그리스도와 더불어 사는 삶 속에서 일반적인 운명으로 밖에서 우리에게 다가오는 죽음은 안에서 이루어지는 죽음, 우리 자신의 죽음, 예수 그리스도와 더불어 날마다 죽는 자유로운 죽음과 만나게 됩니다.

그리스도와 더불어 사는 이들은 자신들의 의지에 대하여 날마다 죽습니다. 우리 안에 계신 그리스도께서 우리를 죽음에 넘겨주시는 것은 친히 우리 안에서 사시려는 것입니다. 이런 식으로 우리의 내적인 죽음은 자라서 외부에서 다가오는 죽음과 만나게 됩니다. 그리스도인은 자신의 죽음을 이렇게 받아들입니다.

이런 식으로 우리의 육체적 죽음은 끝이 아니라, 예수 그리스도와 함께하는 삶의 성취가 됩니다. 바로 여기에서 우리는 임종의 순간에 '다 이루었다' 하고 말씀하신 분과 함께하는 공동체에 들어가게 됩니다."

> 내가 그리스도와 함께 십자가에 못 박혔나니 그런즉 이제는 내가 사는 것이 아니요 오직 내 안에 그리스도께서 사시는 것이라 이제 내가 육체 가운데 사는 것은 나를 사랑하사 나를 위하여 자기 자신을 버리신 하나님의 아들을 믿는 믿음 안에서 사는 것이라 갈 2:20

본회퍼는 친구인 에버하르트 베트게Eberhard Bethge에게 보낸 편지에 〈자유에 이르는 길 위의 정거장들〉이라는 시를 함께 동봉했습니다. 그는 여기에 '훈련', '행동', '고난', 그리고 '죽음'에 대한 단상들을 적었는데, 죽음에 대한 부분은 이렇습니다.[89]

"죽음 어서 오라, 영원한 자유의 도상에 있는 성대한 향연이여, 죽음이여, 덧없는 육신의 성가신 사슬을 끊고 눈먼 영혼의 벽을 허물어라, 이 세상에서 볼 수 없던 것을 마침내 볼 수 있게.

자유여, 우리는 오랫동안 훈련하고 행동하고 고생하면서 그대를 찾아다녔노라. 죽을 지경에 이르러서야 하나님의 얼굴에서 그대를 보노라."

나의 마지막 말. 소망

사도신경(Apostles' Creed)은 1세기 영지주의 이단에 대응하여 신앙고백으로 확정한 것으로 초기에는 세례문답용으로 사용되었습니다. 하나님에 대해서, 예수님에 대해서, 성령님에 대해서, 교회와 성도의 삶에 대해서, 부활과 영생에 대해서 함축적으로 정리한 신앙의 유산입니다.

이후에 주님 앞에 섰을 때 주님의 얼굴을 보며 고백할 나의 믿음의 고백으로 생각하며, 사도신경을 적어 봅니다.

잠들지
않는 말

세 번째

사랑

아우구스티누스에게 신앙의
유산을 남긴 어머니 모니카

단 한 가지만 너희에게

부탁한다. 너희들이 어디에

있든지 주님의 제단에서

나를 기억해 다오.

아우구스티누스의 어머니 모니카(Monica, 331-387)는 북아프리카의 한 부유한 가정에서 태어나 집안일을 돌보던 나이 많은 하녀로부터 기독교 신앙을 접합니다. 로마 관원이며 부유한 지주였던 파트리키우스Patricius와 결혼한 후 북아프리카 누미비아Numebia에서 거주했습니다. 모니카는 오랫동안 남편과 아들 아우구스티누스의 구원을 위해 기도했습니다.

아우구스티누스가 교수로 로마에 갔을 때 함께 동행했고 그곳에서 만난 암브로시우스Ambrosius 감독의 설교와 격려 속에 아들을 위한 기도를 이어 갑니다. 결국 어머니의 사랑과 기도 중에 아우구스티누스는 회심을 경험하고 이후 히포Hippo의 감독으로 기독교 역사상 중요한 인물이 됩니다.

모니카는 로마를 떠나 고향 다가스테로 돌아가기 위해 이탈리아 오스티아Ostia 항구에 있을 때, 열병으로 실신했다가 어렵게 의식을 회복합니다. 이런 일이 있고 모니카는 90여 일을 병상에 누워 있다 387년 세상을 떠납니다.

〈성 모니카〉(피에로 프란체스카, 1460년경)

모니카는 평소 고향에 묻힌 남편 파트리키우스Patricius 옆에 묻히는 것을 행복하게 생각했습니다. 그래서 남편의 묘 옆에 자신이 묻힐 자리를 마련해 둔 상태였습니다. 그런데 외지에서 질병으로 병상에 누워 있다 잠시 의식을 회복했을 때, 자신이 있는 이곳에 묻어 달라고 합니다. 그 말에 아우구스티누스와 그의 형 네비기우스가 의아해하자, 모니카는 이렇게 말합니다.[90] "내 몸은 어디에 묻어도 좋다. 그 일로 인하여 조금도 염려하지 말라. 단 한 가지만 너희에게 부탁한다. 너희들이 어디에 있든지 주님의 제단에서 나를 기억해 다오."

사랑하는 자녀에게 남긴 한 마디

아우구스티누스는 《고백록》 제9권 11장에서부터 어머니
모니카의 죽음과 장례 그리고 자신의 애도에 대해
기록합니다.

　　모니카는 화려한 베로 자신의 시신을 감싸거나
향유를 발라 주기를 또 아름다운 비석을 세우거나 꼭 고향에
묻어 주기를 바라지도 않았습니다. 그녀의 관심은 자녀들이
믿음 안에서 사는 것이었습니다. 그리고 주님의 제단,
모든 죄가 용서함 받고 깨끗케 되는 그곳에서 기억되기를
원했습니다. 온전히 하나님과 하나 되는 그곳에서 말입니다.

　　부활에 대한 소망과 확신이 그녀에게 그런
자유로운 마음을 주었고 혹시 타향에서 죽으면 어떻게
할지에 대한 걱정과 근심에서 평안을 주었습니다. 후에
아우구스티누스는 친구들로부터도 어머니가 세상일에 너무
집착하지 말라는 것과 죽음의 유익에 대해서 하신 말씀을
듣습니다.[91]

　　"하나님께는 먼 곳이란 없다. 하나님이 세상 끝 날에
나를 부활시킬 장소가 어디인 줄 모를까 두려워할 필요가
하나도 없다."

> 예수께서 이르시되 나는 부활이요 생명이니 나를 믿는 자는
> 죽어도 살겠고 무릇 살아서 나를 믿는 자는 영원히 죽지
> 아니하리니 이것을 네가 믿느냐 요 11:25-26

> 사랑하는 자들아 주께는 하루가 천 년 같고 천 년이 하루 같다는

이 한 가지를 잊지 말라 주의 약속은 어떤 이들이 더디다고
생각하는 것 같이 더딘 것이 아니라 오직 주께서는 너희를
대하여 오래 참으사 아무도 멸망하지 아니하고 다 회개하기에
이르기를 원하시느니라 **벧후 3:8-9**

어머니가 돌아가시고 아우구스티누스는 어머니를
잃은 상실의 깊은 슬픔에 괴로웠습니다. 병석에서 자신의
머리를 쓰다듬으며 효자라고 해 주신 말씀, 자신에게 심한
말을 하는 것을 한 번도 듣지 못했다며 칭찬해 주시던
어머니의 모습이 떠올라 그의 마음은 더욱 슬펐습니다.

그래서 아우구스티누스는 마음의 고통과 아픔을
하나님께 고백합니다. 그러는 중에 불쑥불쑥 올라오는
슬픔이 조금씩 진정되는 것을 경험합니다. 특히 어머니의
눈을 감겨 드릴 때는 말로 다 표현할 수 없는 슬픔이 북받쳐
올라와 눈물이 터졌습니다. 그럼에도 천국에 대한 소망과
확신이 그의 마음과 생각을 붙들었습니다. 그의 고백입니다. [92]

"세상 사람들은 대개 죽은 이가 불쌍하다거나 혹은
아주 죽는다고 생각하여 슬퍼합니다. 그러나 어머니는
불쌍하게 세상을 떠난 것도 아니요 아주 죽으신 것도
아니었습니다. 우리는 이 증거를 어머니의 선한 생활과
'거짓이 없는 믿음'(딤전 1:5)과 확실한 이성의 근거 위에서
굳게 믿고 있었습니다."

자녀에게 남기는 신앙의 유산

아우구스티누스의 어머니 모니카가 꾼 꿈에 대한 이야기가
《고백록》제3권 11장에 나옵니다. 모니카는 밤이면 밤마다
아들을 위해 기도했는데, 하루는 꿈을 꿉니다. 모니카가
나무로 만든 자水準尺 위에 서 있었습니다. 이때 한 키가 큰
청년이 수심에 잠겨 있는 자신에게 다가와서 미소를 지으며
왜 슬퍼하느냐고 물었습니다. 그러자 모니카는 아들이
저렇게 타락의 길을 가고 있으니 어찌 슬퍼하지 않을 수
있겠느냐고 대답했습니다.

이때 그 청년이 아들을 자세히 살펴보라고 했는데,
유심히 보니 아들 아우구스티누스가 어머니 모니카 곁에
서 있는 것이었습니다. 이것은 아들이 어머니의 기도로
다시 어머니께로 돌아온다는 뜻이었습니다. 꿈에서
깨어난 모니카는 암브로시우스Ambrosius 감독에게 가서
아들 아우구스티누스가 바로 돌아오도록 지도해 줄 것을
부탁합니다. 그때 암브로시우스는 이렇게 말해 줍니다.[93]

"자, 이제 돌아가시오. 염려할 것 없습니다. 이렇게
흘리는 눈물의 자식이 망할 리 없습니다."

그 꿈에서의 경험대로, 아들 아우구스티누스는
삶의 결정적인 순간을 386년 늦여름 정원을 거닐고 있을
때 경험합니다. 갑자기 놀이를 하는 아이들의 소리와 함께
"톨레 레게, 톨레 레게"(tolle lege, tolle lege, 집어 들어 읽어라)라는
소리를 듣고는 성경을 펼쳤습니다. 그의 눈길이 고정된
곳은 "낮에와 같이 단정히 행하고 방탕하거나 술 취하지
말며 음란하거나 호색하지 말며 다투거나 시기하지

말고 오직 주 예수 그리스도로 옷 입고 정욕을 위하여
육신의 일을 도모하지 말라", 로마서 13장 13-14절
말씀이었습니다. 그 말씀을 읽는 순간 주체할 수 없는
감동에 그의 마음이 무너졌고 회심의 경험을 합니다. 그리고
카시치아쿰Cassiciacum에서 자신을 돌아보는 성찰과 안식의
시간을 가집니다.

387년 부활절 전날, 암브로시우스 감독에게 세례를
받는데 그 순간은 어머니 모니카가 오랫동안 기도하던

〈성 암브로시우스의 설교를 듣는 성 아우구스티누스와 성 모니카〉
(Vergós Group, 1470/75-1486)

기도의 응답을 경험하는 순간이었습니다.

> 또 아비들아 너희 자녀를 노엽게 하지 말고 오직 주의 교훈과
> 훈계로 양육하라 엡 6:4

주님의 제단에서 나를 기억해 다오!

아우구스티누스는 평생 자신이 하나님의 말씀을 따라 바로
살기를 구하는 어머니의 간절한 기도와 눈물을 보았습니다.
그런데 그가 온전한 회심을 경험하기 전까지는 그런
어머니의 모습은 불필요한 것처럼 보였고 그래서 아무런
관심도 두지 않았습니다. 하지만 하나님을 만난 후, 그리고
어머니를 땅에 묻을 때 어머니의 그 간절한 기도의 모습은
잊을 수 없는 소중한 기억이 되어 그가 끝까지 하나님을
향한 길을 가도록 이끌었습니다.

그리고 어머니의 마지막 당부, "너희들이 어디에 있든지
주님의 제단에서 나를 기억해 다오"는 아우구스티누스로
주님의 교회와 영원히 함께하도록 했습니다. 주님의 교회와
영원히 함께하며, 하나님의 긍휼하심 가운데 구원에 이르고
온전한 안식 가운데 있을 어머니를 생각하게 했습니다. 그
한 마디야말로 자녀를 위한 가장 소중한 마지막 당부이며
가장 값진 신앙의 유산이었던 것입니다.

알프레드 노벨Alfred Nobel이 1888년, 파리에서 발행되는
한 신문을 읽다가 깜짝 놀랍니다. '죽음의 상인, 사망'이라는
제목에 "그 어느 때보다도 빨리 사람 죽이는 방법을

개발한 알프레드 노벨이 죽었다"는 기사를 본 것입니다. 하지만 부고의 실제 인물은 형 루드비히 노벨이었습니다. 알프레드 노벨은 이 신문 기사를 통해 자신이 죽은 이후 사람들이 자신을 기억할 때 무슨 생각을 할지 분명히 알 수 있었습니다.

사실 그가 부자가 된 것은 광산 및 건설용 다이너마이트가 특허를 받아 많이 팔렸기 때문이었습니다. 마침 1867년 수에즈운하 및 알프스산맥 터널공사 등으로 사업이 번창했던 것입니다. 동시에 다이너마이트는 전쟁에서 대규모 인명 살상용 무기로 사용되고 있었습니다.

비록 오보인 신문 기사였지만 큰 충격을 받았고 자신의 죽음과 죽음 이후를 자연스럽게 생각하게 되었습니다. 그래서 1895년 11월 27일, 62세의 노벨은 유언장을 작성합니다. 세계를 위해 문학, 과학, 평화 등 5개 부문에서 탁월한 업적을 이룬 사람에게 그의 전 재산을 기금으로 만들어 시상하도록 하는 내용이었습니다. 자신의 죽음을 목격하면서 세상과 자녀에게 무엇을 남기고 또 자신이 어떻게 기억될지를 고민하는 중에 내린 결정이었습니다.

'오늘이 나의 삶의 마지막 날이라면', 나는 자녀들에게 어떤 유언의 말을 남기시겠습니까? 그리고 자녀들이 나를 기억할 때 어떤 사람으로 기억하길 원하십니까?

평소 일상의 삶에서 신앙과 천국에 대해 생각하지 않고 준비하지 않는다면 영원히 다시 돌아오지 않을 소중한 기회를 놓쳐 버릴 수 있습니다. 그것은 자녀들에게 남길

신앙의 유산에 대한 것입니다. 그래서 무엇보다 하나님을
믿는 믿음 안에서 성숙한 하나님의 사람으로 말과
행동, 그리고 태도를 바르게 세워 가야 합니다. 신앙의
모습을 자녀의 기억 속에 남기는 것, 이것이 유한한 생을
사는 우리가 자녀에게 남길 가장 큰 유산임을 잊지
말아야 합니다.

〈성 아우구스티누스와 모니카〉(아리 쉐퍼, 1846년)

이스라엘아 들으라 우리 하나님 여호와는 오직 유일한
여호와이시니 너는 마음을 다하고 뜻을 다하고 힘을 다하여
네 하나님 여호와를 사랑하라 오늘 내가 네게 명하는 이
말씀을 너는 마음에 새기고 네 자녀에게 부지런히 가르치며
집에 앉았을 때에든지 길을 갈 때에든지 누워 있을 때에든지
일어날 때에든지 이 말씀을 강론할 것이며 너는 또 그것을
네 손목에 매어 기호를 삼으며 네 미간에 붙여 표로 삼고 또
네 집 문설주와 바깥 문에 기록할지니라 신 6:4-9

하나님의 자비를 구하며 기도한

얀 후스

당신의 위대한 자비로

이 사람들을

용서해 주소서.

얀 후스(Jan Hus, 1370년경-1415)는 남보헤미아 후시네츠Husinec의 한 가난한 가정에서 태어났습니다. 1390년 프라하대학교에 입학하고, 1402년 프라하의 베들레헴교회에서 교구 목사로 안수 받습니다. 약 10년간 시무하며 자국어로 설교하고 자국어로 찬양했습니다. 그리고 1409년 프라하대학교의 총장이 됩니다. 그는 설교가요, 신학자와 교회 개혁자요, 대학 지성인이요, 백성의 교사이면서 찬송 작사가이기도 했습니다.

초기 종교 개혁자였던 존 위클리프John Wycliffe의 영향을 받아 성직 부패에 대해 비판하고 보이지 않는 교회의 우월성에 대해 강조하며 성서만이 신앙의 최고 권위임을 주장했습니다. 후스는 교황 요한 23세Johannes XXIII의 면죄부 판매를 비판해 1411년 3월 파면당하고 망명길에 오릅니다. 이후 이단으로 정죄되고, 1415년 7월 6일 독일 콘스탄츠Konstanz에서 소집된 공의회에서 사형선고를 받습니다. 그리고 콘스탄츠 서부, 성벽과 수로 사이에 있는 화형장에서 순교합니다.

1915년, 후스 순교 500주년을 기념하여 세워진 동상 아래에는 후스가 감옥에서 체코인들에게 보낸 편지에 적힌 말이 기록되었습니다. "서로 사랑하십시오. 모든 이들에게 진리를 요구하십시오."

〈얀 후스〉(16세기)

체코의 신학자이자 종교개혁자인 얀
후스는 화형을 당해 순교합니다. 화형에
앞서 면도칼로 후스의 머리카락을
전후좌우 네 방향으로 밀었는데, 이것은
그의 성직 박탈을 의미했습니다.
그리고 후스에게 '너의 혼을 악마에게
넘긴다'고 말하며 조소의 표시로 머리에
종이로 만든 길쭉한 모자를 씌웠습니다.

거기에는 '이 자가 이단의 두목이다'

Hic est heresiarcha 라고 쓰여 있었습니다.

이에 후스는 "나는 가장 성스러운 주

예수 그리스도에게 나의 영혼을

맡기겠나이다"라고 말했습니다.[94] 그는

순교에 앞서 이렇게 기도했습니다.[95]

"주 예수 그리스도여, 나의 적을 한 명도

남김없이 용서해 주소서. 당신께서는

위대한 자비심을 가지고 계시니 나는

중재를 원합니다. 당신께서도 아시는

바와 같이 적들은 거짓말로 나를

비난하고 있습니다. 나를 모함할

위증인을 데려왔습니다. 당신의 위대한

자비로 이 사람들을 용서해 주소서."

죽음의 순간에 드린 원수를 위한 기도

후스는 교황 요한 23세가 십자군을 출정시키며 자신을
지원하면 모든 죄를 사면해 준다는 공표와 면죄부 판매에
격분합니다. 이미 1410년 프라하의 대주교 즈비네크에
의해 파문당했는데, 결국 로마 교회로부터도 파문당합니다.
그리고 후스가 있는 동안 프라하 시에는 모든 예배와 예식은
물론 세례와 장례식까지 금하는 성무금지령이 내려집니다.

　　이에 후스는 2년간 지방에서 유배생활을 하며
야외에서 설교하고, 1413년에 대표적인 저서《교회에
대하여》*De Ecclesia*를 저술합니다. 다음은 그해 10월의 설교 중
일부입니다.[96]

　　"나의 싸움을 거룩한 자비(그리스도)가 완성하도록
나의 싸움을 그에게 내려놓았습니다. 사람들로부터 굴욕을
당하거나 죽음을 당해도, 내가 진리에서 떨어지지 않게 하실
것입니다."

　　1414년 11월 5일부터 가톨릭 공의회가 독일
콘스탄츠에서 열렸습니다. 신성로마제국 황제
지기스문트Sigismund의 요청으로 열리는 이 공의회는
로마와 아비뇽을 비롯한 세 명의 교황이 서로 자신에게
정통성이 있다고 다투는 문제의 해결이 목적이었습니다.
또한 보헤미아Bohemia의 위클리프 파(이후 후스 파)와 이 파의
중심인물인 후스를 단죄하기 위해서였습니다. 후스는
자신의 주장의 오류가 성서로 증명되지 않는다면 어떠한
비난도 받아들일 수 없다고 했습니다. 부당한 혐의를
인정하는 것은 하나님 앞에서 죄가 된다고 주장했고요.

그럼에도 재판에서는 후스와 위클리프의 저작에서 추려낸 260여 곳을 이단이라고 정죄했습니다. 그중에는 후스가 스스로를 아버지, 아들, 성령에 이어 네 번째 위격이라고 자청했다는 근거 없는 내용도 있었습니다. 결국 이단적 의견을 철회하라는 말에 후스는 거절합니다.

당시 교회 재판에서 이단으로 정죄되면 세속권자에게 넘겨져 사형이 이루어졌습니다. 그리고 사형 결정이 난 이단의 시신이나 유품은 악마 숭배에 사용될 가능성이 있다는 이유로 화형시키는 것이 일반적이었습니다. 후스는 루도위피 백작에게 넘겨지는데, 백작은 회개하지 않는 이단자는 화형에 처해야 한다고 하면서 콘스탄츠 시 당국을 불러 처형하라고 명령합니다.

1415년 7월 6일, 후스는 처형장이 있는 콘스탄츠 서부, 성벽과 수로 사이에 있는 화형장에 가까워지자 땅에 무릎을 꿇고 팔을 벌리고는 구약성경 시편 21편을 큰 소리로

〈콘스탄츠 공의회에서의 순교자 얀 후스〉(바크라프 브로지이크, 1883년)

외쳤습니다. 비록 악이 이기는 것 같지만 그 모든 일은
실패로 돌아갈 것임을, 오히려 그들에게 종말이 임박했음을
선포한 것이지요.

> 비록 그들이 왕을 해하려 하여 음모를 꾸몄으나 이루지
> 못하도다 왕이 그들로 돌아서게 함이어 그들의 얼굴을 향하여
> 활시위를 당기리로다 여호와여 주의 능력으로 높임을 받으소서
> 우리가 주의 권능을 노래하고 찬송하게 하소서 시 21:11-13

이어 시편 51편도 말했습니다.

> 주의 구원의 즐거움을 내게 회복시켜 주시고 자원하는 심령을
> 주사 나를 붙드소서 그리하면 내가 범죄자에게 주의 도를
> 가르치리니 죄인들이 주께 돌아오리이다 하나님이여 나의
> 구원의 하나님이여 피 흘린 죄에서 나를 건지소서 내 혀가 주의
> 의를 높이 노래하리이다 시 51:12-14

죄인인 자신에게 긍휼을 베풀어 주시고, 그 은혜로
자신을 죽음으로 몰아넣는 이들이 주께 돌아오기를 시편의
말씀에 의지하여 선포합니다. 그는 화형을 두려워하지 않고
받아들이겠다며 자신을 하나님께 의탁합니다.

죽음도 사르지 못한 변함없는 믿음

이제 후스의 옷은 잡아 벗겨지고 손은 끈으로 결박당한 채 목은

쇠사슬로 화형 기둥에 매어집니다. 그의 주변에 짚단과 장작이 쌓였고, 그때 지기스문트 왕이 보낸 군사령관 팟펜하임이 와서 마지막 기회이니 이단설을 철회하고 목숨을 소중히 여기라고 합니다. 후스는 목소리 높여 이렇게 답했습니다.[97]

"나는 거짓 증인이 나에게 죄를 씌운 짓을 알리는 일은 결코 하지 않았다. 내가 설법하고, 내가 행하고, 내가 쓴 부분의 의도는 사람을 죄에서 벗어나게 하는 데 있다. 이 일은 하나님이 그 증인이다. 나는 내가 쓰고 가르치고 설법한 복음의 진리 속에서 지금 기꺼이 죽겠다."

형리가 화형 기둥에 불을 붙였고, 그는 큰

〈화형당하는 얀 후스〉(1500년경)

소리로 장송곡葬送曲을 부르기 시작했습니다. 그리고 결국 잠잠해졌습니다. 타다 남은 잿더미와 그 땅을 파내서 라인 강에 내다 버림으로 후스의 처형이 끝났습니다.

하지만 후스의 처형에 보헤미아인들은 격분했고, 후스의 신앙을 이어받은 이들에 의해 1419년 후스전쟁이 발발해 1436년까지 계속됩니다. 후스의 죽음 이후 일어난 일들에 대해 루터는 《탁상 담화》*Table Talk*에서 이렇게 말했습니다.[98]

"후스의 죽음 후 얼마 안 되어 지기스문트는 엄청난 불운에 빠졌기 때문에 그의 죽음에 대한 적절한 되갚음이 있었습니다. 그의 아내가 온 궁정의 매춘부가 되었습니다. 보헤미아인들이 독일을 광범위하게 파괴했고, 뉘른베르크Nürnberg는 그들에게 경의를 표해야만 했으며, 그들은 도시 차이츠Zeitz까지 얻었습니다. 몇 번이나 독일인들은 도망쳐야만 했습니다."

초기 종교 개혁자였던 존 위클리프의 영향을 받은 후스는 진실한 그리스도인의 기준은 성서에서 찾아야지 율법에 관한 지식, 민족, 신분 등이 될 수 없다고 지적합니다. 즉 예수 그리스도와 함께 신앙을 위해 싸우는 자세를 갖고 있는지 없는지가 진실한 그리스도인의 기준이라고 말합니다.

인간 구원의 근거가 되는 것은 눈에 보이는 가톨릭교회가 아니라, 죽음의 힘도 이기지 못하리라는 예수 그리스도의 부활 후에 나타날 눈에 보이지 않는 교회라고 합니다. 《교회에 대하여》에서 보이지 않는 교회의 특징을 이렇게 설명합니다.[99]

"이리하여 구세주의 말씀에서 교회는 하나라는 것,

둘째로 그것이 그리스도의 교회라는 것, 셋째로 그것이
신성하다는 것을 알 수 있다."

하나님을 신뢰함으로 잠자는 것과 같은 죽음

성경에서는 죽음을 잠이 들었다는 것으로 종종 표현합니다.
그런데 이것은 일반적인 수면상태가 아니라 평화롭고 안정된
상태를 의미합니다. 그리고 곧 다시 깨어날 것을 함의합니다.
즉 그리스도인의 죽음을 잠자는 것으로 표현하는 것은 먼저
평안히 죽은 자의 모습이 깊이 잠든 이의 모습과 비슷하기
때문입니다. 어머니의 품에 안겨 잠든 아이와 같이 하나님의
품에 완전히 감싸 안긴 모습을 그리스도인의 죽음으로
표현합니다.

　　또한 여기에는 잠들었으니 깨어날 것이라는 소망을
담고 있습니다. 육체의 시간이 아닌 하나님의 시간 속에
새로운 삶을 시작하게 됨을 가리킵니다. 물론 하나님의
특별한 개입이 있어야 한다는 신앙적 고백과 잠에서
깨어났을 때 새로운 날을 맞이할 것이라는 의미도 담고
있습니다.

> 회당장의 집에 함께 가사 떠드는 것과 사람들이 울며 심히
> 통곡함을 보시고 들어가서 그들에게 이르시되 너희가 어찌하여
> 떠들며 우느냐 이 아이가 죽은 것이 아니라 잔다 하시니 막 5:38-39

> 이 말씀을 하신 후에 또 이르시되 우리 친구 나사로가

잠들었도다 그러나 내가 깨우러 가노라 제자들이 이르되 주여

잠들었으면 낫겠나이다 하더라 예수는 그의 죽음을 가리켜

말씀하신 것이나 그들은 잠들어 쉬는 것을 가리켜 말씀하심인

줄 생각하는지라 요 11:11-13

신약성경에 등장하는 스데반은 죽음의 순간에
하나님의 자비를 구하며 자신을 죽이려는 사람의 죄를
용서해 달라고 기도합니다. 다름 아닌, 끔찍한 죽음의 순간에
말이지요. 그의 죽음은 집이 아닌 거리에서, 타살에 의해,
사람들의 욕설과 비난을 받으며 공포 분위기 속에서 당한
죽음이었습니다.

그럼에도 죽음을 맞는 스데반의 얼굴은 천사의 얼굴과
같았고 한없이 평안한 모습이었습니다. 그리고 그가 죽기 전에
한 기도는 돌을 던진 이들의 죄를 용서해 달라는 것이었고요.

그들이 돌로 스데반을 치니 스데반이 부르짖어 이르되 주

예수여 내 영혼을 받으시옵소서 하고 무릎을 꿇고 크게 불러

이르되 주여 이 죄를 그들에게 돌리지 마옵소서 이 말을 하고

자니라 행 7:59-60

성경은 그가 '잠들었다'고 표현합니다. 여기서 천국에
대한 믿음 가운데 주님의 품에 안겨 참된 안식에 이르렀음을
알 수 있습니다.

종교개혁자 후스나 신약성경의 인물 스데반, 그들은
모두 하나님을 신뢰함으로 잠들었습니다. 두려움과 공포에
압도된 얼굴과 모습이 아닌, 그 무시무시한 순간에도

평안함을 지켰습니다.

바로 그 죽음의 순간에 이들의 평소 삶의 얼굴이
그대로 나타났는데, 그것은 천사의 얼굴이었습니다.
하나님의 사랑에 압도된 감사와 헌신의 삶 그리고 복음을
전하는 책임에 충실한 모습이 그들의 얼굴에 그대로 나타난
것입니다. 1415년 초에 그가 프라하 시민들에게 보낸
서신에서도 그런 그의 영적 상태를 읽을 수 있습니다.[100]

"사랑하는 이여! 나는 감옥에 앉아 있으나 부끄럽지
않습니다. 주 하나님을 위해 희망 안에서 고통받고 있고,
사랑으로 큰 질병 중에 있는 나를 만났고, 그래서 다시
건강하게 되었습니다. … 하나님이 나와 함께 계시도록, 나를
위해 주 하나님께 간구해 주십시오. 죽을 때까지 하나님의
자비하심에 내가 존재할 수 있다는 희망이 하나님 안에
그리고 여러분의 기도 안에 있기 때문입니다."

언제 그리고 어떤 형태로 우리를 찾아올지 모르는
죽음을 생각할 때, 평소 천국에 대한 소망으로 살아가는 것이
중요합니다. 천국에 대한 소망이 갑자기 찾아오는
죽음, 혹시 모를 억울하고 부당한 죽음의 고통 속에서도
우리를 끝까지 지킬 것입니다.

이러므로 우리에게 구름 같이 둘러싼 허다한 증인들이 있으니
모든 무거운 것과 얽매이기 쉬운 죄를 벗어 버리고 인내로써
우리 앞에 당한 경주를 하며 믿음의 주요 또 온전하게 하시는
이인 예수를 바라보자 그는 그 앞에 있는 기쁨을 위하여
십자가를 참으사 부끄러움을 개의치 아니하시더니 하나님 보좌
우편에 앉으셨느니라 히 12:1-2

위대한 왕의 음성을 들은

찰스 스펄전

나는 선한 싸움을 싸웠노라,

나는 내 여정을 마쳤노라,

나는 믿음을 지켰노라.

찰스 스펄전(Charles Spurgeon, 1834-1892)은 영국 에섹스 켈버돈Kelvedon에서 17남매의 첫째로 태어났습니다. 할아버지는 프랑스 위그노 후손으로 45년 이상 목회한 목사였는데, 경제적인 어려움으로 할아버지와 어린 시절을 지내야 했던 스펄전은 할아버지가 가지고 있던 《천로역정》과 《순교자 열전》Foxe's Book of Martyrs을 비롯한 청교도 관련 책을 읽고 영향을 받았습니다. 그의 아버지도 목사였습니다.

15세가 되던 1850년 12월 6일, 프리미티브감리교회Primitive Methodist Church에서 들은 설교를 통해 회심하고, 1851년 워터비치 마을의 침례교회 목사가 됩니다. 그는 부임하는 교회마다 하나님의 은혜로 부흥을 경험하는데, 1859년 메트로폴리탄타버나클교회London Metropolitan Tabernacle Church를 건축하고 매주 1만 여명의 청중에게 복음을 전합니다. 1869년 스톡웰Stockwell에 세운 고아원을 비롯, 다양한 자선기관과 기독교 관련 단체도 설립합니다.

스펄전은 오래도록 여러 질병 때문에 어려움을 겪으면서도 열정적으로 사역을 이어 갔습니다. 그러던 1892년 1월 31일, 프랑스 멘톤Mentone에 있을 때 기운이 급속히 떨어지면서 인지력도 희미해졌습니다. 이후 의식을 완전히 잃었고, 그날 오후 11시경에 하나님의 부름을 받습니다.

<칠스 해돈 스펄전>(알렉산더 멜빌, 1885년)

'설교의 왕'이란 별명을 가진 영국

침례교 목사 찰스 스펄전이 임종을

앞두었을 때, 의식이 없는 상태여서

주변 사람에게 작별인사나

특별한 이야기를 남길 수는

없었습니다. 하지만 그가 남긴

마지막 말로 사람들이 기억하는 것은 디모데후서 4장의 "나는 선한 싸움을 싸우고"로 시작하는 바울 사도의 말씀이었습니다.

이 말씀을 그만큼 사랑했고 자주 이야기했기 때문입니다. 그래서 장례식이 진행되었을 때, 관 양쪽 끝의 명판에 적힌 글은 이것이었습니다.[101] "영원한 사랑으로 찰스 해돈 스펄전을 추모하다. 켈버돈에서 1834년 6월 19일에 태어나고, 멘톤에서 1892년 1월 31일에 예수 안에서 잠들다. '나는 선한 싸움을 싸웠노라, 나는 내 여정을 마쳤노라, 나는 믿음을 지켰노라.'"

선한 싸움 싸우고 믿음을 지킨 삶

1892년 2월 11일, 스펄전을 떠나보내는 장례식이 영국에서
있었습니다. 긴 장례 행렬에 각 교회에서 종이 울렸고
심지어 술집들이 문을 닫고 조기를 내걸었다고 합니다. 검은
옷을 입은 수천 명의 사람들이 노우드Norwood 묘원에 있는
장지까지 길을 따라 늘어섰습니다. 이와 동시에 그가 죽었던
프랑스의 멘톤에서도 추모식이 거행되었습니다. 관을
내리고 흙을 덮기 전, 관 위에 그가 회심했던 성경말씀인
이사야 45장 22절이 보이도록 성경책을 펼쳐 두었습니다.
그리고 이제 그 성경을 치우고 흙을 덮었습니다.

> 땅의 모든 끝이어 내게로 돌이켜 구원을 받으라 나는
> 하나님이라 다른 이가 없느니라 사 45:22

그리고 스펄전의 장례식 때 합창단에서 부른 찬송은
스펄전이 좋아하던 〈이 세상 지나가고〉The Sands of Time Are
Sinking였습니다. 그중의 일부입니다.[102]
　"이 세상 지나가고 천국의 여명이 밝아온다. …
아름답도다 천국의 왕이여 숨김없이 나타나는구나. 일곱
번씩 죽어서라도 올 만한 가치가 있는 여행이겠구나. 많은
군대를 거느린 어린 양이 시온 산에 서 있다. 영광, 영광이
임마누엘의 나라에 있도다.
　　… 나는 예수 안에서 안전하게 잠들 것이다. 예수의
형상으로 충만해져서 일어날 것이다. 예수를 사랑하고
찬양할 것이다. 이런 눈으로 예수를 바라볼 것이다. 나와

〈찰스 스펄전의 무덤〉
런던 웨스트 노우드 공동묘지(West Norwood Cemetery)

부활 사이에 오직 낙원만이 있다. 영광이 임마누엘의 나라에
있도다. …"

나는 선한 싸움을 싸우고 나의 달려갈 길을 마치고 믿음을
지켰으니 이제 후로는 나를 위하여 의의 면류관이
예비되었으므로 주 곧 의로우신 재판장이 그 날에 내게 주실
것이며 내게만 아니라 주의 나타나심을 사모하는 모든
자에게도니라 딤후 4:7-8

질병의 고통 중에 마친 믿음의 여정

스펄전은 평생 여러 병을 안고 살았는데, 그래서 종종
죽음의 문 앞에 놓였다 싶을 정도로 힘들어했습니다. 아내와
의사들이 곁에서 도움을 주었지만, 삶과 죽음 사이를
자주 오가곤 했습니다. 그는 아침마다 희망에 찼지만
저녁이면 무서움이 찾아왔다고 어려움을 호소했고, 특히
정신착란으로 난감한 상황에 처하기도 했습니다.

이때 스펄전을 위로하며 격려하는 편지가 각처에서
아내 수잔나 톰슨Susannah Thompson에게로 전해졌습니다. 또
그를 위해 수천 명이 기도의 날을 정해 타버나클교회로
모였습니다. 이러한 기도 운동은 영국 기독교계는 물론
영어권과 스펄전의 저술이 알려졌던 다른 지역으로 퍼져
나갔습니다.

그런데 놀랍게도 그의 육신의 약함과 질병으로 인한
고통은 성도들로 오직 하나님의 능력만이 건강과 활기찬
사역을 회복시켜 줄 수 있음을 깨닫게 했습니다. 물론
스펄전 자신에게도 그랬습니다. 그래서 그의 질병과 약함은
또 다른 설교였습니다. 신비롭게도 그가 했던 설교들보다
더 많은 영광을 하나님께 돌리며 하나님의 역사를 이루어
갔습니다.

> 나에게 이르시기를 내 은혜가 네게 족하도다 이는 내 능력이
> 약한 데서 온전하여짐이라 하신지라 그러므로 도리어 크게
> 기뻐함으로 나의 여러 약한 것들에 대하여 자랑하리니 이는
> 그리스도의 능력이 내게 머물게 하려 함이라 그러므로 내가

그리스도를 위하여 약한 것들과 능욕과 궁핍과 박해와 곤고를
기뻐하노니 이는 내가 약한 그 때에 강함이라 고후 12:9-10

　사도 바울이 고린도교회에 보낸 이 편지에서
고백한 것도 같은 것이었습니다. 바울은 여러 질병을 안고
전도사역을 펼쳤습니다. 그중에는 간질도 있어 때로는
설교하는 중에 쓰러지기도 했던 것으로 보입니다. 그럼에도
성도들은 바울을 그대로 받아 주었습니다. 그를 하나님이
보내신 일꾼으로 여기고 존중하며 위해서 기도했고 또
협력했습니다.
　그래서 바울은 자신의 약함이 복음 진보에 유익이

〈「칼과 삽」(the Sword and the Trowel)의 초기 표지〉
메트로폴리탄타버나클교회에서 발행하는 잡지

되었다고, 그 가운데 하나님의 능력이 나타났음을 다시금
깨닫는다고 고백했습니다. 바울의 고백과 동일하게
스펄전은 하나님의 부름을 받은 1892년 새해 첫 날 설교에서
이런 고백을 합니다.[103]

　　"… 우리의 인생 이야기를 기록해 놓을 때 그
이야기를 누가 읽든지 간에 우리를 '자수성가한 사람'이
아니라 하나님이 손수 빚어낸, 따라서 하나님의 은혜가
찬양받는 작품이라고 생각하게 되는 일이 일어나야 합니다.
사람들이 우리 안에서 진흙이 아니라 토기장이의 손길을
보게 합시다. 사람들이 '이 사람은 멋진 설교자야'라고
말하기보다는 '우리는 이 사람이 어떻게 설교하는지
도저히 모르겠지만 하나님이 위대하다고 느낀다'고 말하면
좋겠습니다. 우리는 삶 전체가 속죄의 제사가 되기를, 지극히
높으신 이에게 드리는 향기로운 연기를 끊임없이 피워
올리는 향단이 되기를 소원합니다. …"

　　스펄전은 자신이 알려지는 것이 아니라, 하나님의
역사와 영광만이 들어나길 소망했습니다. 그리고 하나님의
일을 감당할 힘을 부족하지 않게 필요한 매순간 공급해
주신다는 믿음이 있었습니다. 그랬기에 질병으로 어려움을
겪을 때에도 꼼짝 않고 병실에 머물러 있는 군인이 아닌
적진으로 돌진하는 병사와 같길 원했습니다. 그에게는 그런
충성된 마음이 있었습니다.

　　이러한 하나님의 도우심과 은혜는 우리가 삶의
마지막을 목전에 두었을 때에도 마찬가지입니다. 죽음을
앞둔 시기에 주시는 은혜는 건강하고 활발하게 활동하던
때는 경험하지 못했던 은혜이지요. 생명이 다해 가는 죽음의
순간에도, 하나님은 필요한 힘을 허락해 주십니다. 사나

죽으나 주의 일꾼으로 평생 하나님의 일을 감당하도록
인도해 주십니다.

그리스도인에게 있어서
삶의 정제로精製爐와 같은 죽음

스펄전은 그리스도인에게 있어서 죽는 날은 죽어 가는 것과
영원히 결별하는 날이라고 하는데, 정말 놀라운 통찰입니다.
실제로 죽음은 죽어 가는 과정의 끝입니다. 이제 성도들은
하나님과 함께하며 다시는 죽지 않을 것이기 때문입니다.

　　　　삶은 씨름하고 싸움하며 고군분투하는 것이지만,
죽음은 모든 싸움을 끝낸 후에 승리의 안식을 누리는
것입니다. 그래서 스펄전은 죽는 날은 치유를 받는 날, 모든
손실들이 사라지는 날, 최고의 날들이 시작되는 날이라고
'신자에게는 죽는 날이 출생하는 날보다 낫다'(전 7:1)는
제목의 설교에서 설명합니다.[104]

　　　　그런 의미에서 예수 그리스도로 죄 사함을 받은
성도에게는 잔칫집보다 초상집에 가는 것이 더 낫습니다.
모두가 만날 마지막을 생각하게 되기 때문이지요.
초상집에서 언젠가 죽을 수밖에 없음을 깨닫고 "지금 하라,
바로 지금 하라!"고 외치시는 하나님의 세미한 음성을
또렷이 듣게 되기 때문입니다.[105]

　　　　성도에게 죽음은 죄의 형벌이 아닌, 새로운 의미의
선물로 주어집니다. 하나님께서 이미 죽음을 폐하셨고,
예수 그리스도가 우리를 대신해 죽음의 형벌을 받으심으로

이제 성도는 죄의 처벌로 죽는 것이 아니기 때문입니다. 그리스도인이 죽는 것은 지금 상태의 육신으로는 하나님 나라를 상속받을 수 없기 때문입니다.

그래서 스펄전은 그리스도인에게 죽음과 무덤은 육신이 미래의 축복을 받을 준비를 갖추게 하는 '정제로'가 되고 하나님께 올라갈 때 타고 가는 '불 마차'와 같으며 또 연회장에 오셔서 말씀하시는 위대한 왕의 '부드러운 음성'과 같다고 합니다.

그리스도인에게도 육신의 죽음에는 예외가 없습니다. 하지만 하나님은 성도의 죽음을 귀하게 보십니다. 나이가 어떠하든, 어디에서 또 언제 그리고 어떻게 죽음을 맞이했든 말이지요. 스펄전은 그리스도인에게 찾아온 죽음은 이 땅에서의 삶에 어떤 회한도 없이 미끄러지듯이 천국을 향해 나아가는 것이라고 합니다. 심지어 무덤은 더 이상 감옥이 아니라 부활로 가는 길목에서 잠시 쉬어 가는 '여관'일 뿐이라고요.

이제 그리스도인은 죽음 앞에서 절망하고 두려워하거나 생명을 구걸하지 않습니다. 다만 자신의 달려갈 길을 잘 달려가는 것에 언제나 더 큰 열심을 냅니다. 스펄전은 '죽음에 대하여'(욥 30:23)라는 제목의 설교에서 이렇게 말합니다.[106]

"날마다 죽음을 각오하는 사람들은 죽음을 쉽게 받아들이게 될 것입니다. 무덤이 친숙하게 된 사람들은 무덤이 침상처럼 보이고, 영안실이 소파처럼 보이게 될 것입니다. 은혜의 언약을 기뻐하는 사람들은 죽음조차도 믿는 자가 거쳐 가야 할 일들 중의 하나라는 사실을 기뻐합니다. … 그러므로 우리는 죽음을 아무짝에도 쓸데없는 잡동사니 물건으로 취급해서 한쪽 구석에 치워놓거나 선반 위에 올려놓지 않아야 합니다. 우리는 죽어가고 있는 사람들 가운데서 죽어 가는 사람으로 살아야 합니다. 그럴 때에만, 우리는 제대로 살 수 있게 됩니다."

성도가 죽음을 준비하는 것은 하나님의 사람으로 성숙하는 데 유익이 됩니다. 신앙의 성숙과 구원받은 하나님의 사람으로서의 삶을 위해서 말이지요. 그래서 스펄전은 제대로 죽는 것은 신랑을 맞이하기 위해 등과 기름을 미리 준비하는 처녀처럼 죽음을 준비함으로 맞이하는 것이라고 합니다. 이처럼 죽음을 생각하며 준비하는 것은 자신의 삶을 충만하게 하는 기회가 됩니다.

선한 싸움 후에 누리는 영원한 안식

스펄전은 16세가 되던 1850년 12월 6일, 프리미티브감리교회에서 들은 설교를 통해 회심하는데, 그때의 일을 일기에 이렇게 썼습니다.[107]

"오늘은 나의 생일이다. 16년을 살았지만 이제 불과 생후 6개월이다. 은혜 속의 나는 매우 어리다. 하지만 얼마나 많은 시간을 범법과 죄악 가운데서 죽은 채 생명 없이, 하나님 없이 세상 속에서 낭비했던가! 죄 가운데 멸망하지 않았다니 얼마나 큰 자비인가! 나의 소명은 얼마나 영광된 것인가! 내가 선택받다니, 하나님에게서 태어나다니, 거듭나다니, 얼마나 고귀한 것인가! 성도에게 합당한 길을 가도록 나를 도와주소서!"

그의 사역의 비결은 '예수 그리스도'라는 분명한 한
가지였습니다. 예수 그리스도와 그의 십자가, 십자가에 죽고
부활하심을 전함으로 사람들을 하나님께로 인도했습니다.
그리고 그것은 성경에 계시된 그리스도를 기초로 합니다.
예수 그리스도의 보혈이야말로 천국에서의 자신의 첫
말이고 또 이 땅에서의 마지막 증언이길 원한다며 이렇게
말했습니다.[108]

"천국에서 나의 첫 말이 나의 구원을 주님의 피에
돌리는 것이 될 것처럼, 세상에서의 내 마지막 행위는 바로
그 사실을 증언함으로써 주님의 원수들에게 충격을 주는
것이라는 사실을 내가 어떻게 후회할 수 있을까?"

그는 부임하는 교회에서 하나님의 은혜로 부흥을
경험하는데, 그럼에도 하나님을 영화롭게 하는 것으로
만족하길 원했습니다. 1891년 6월 7일, 타버나클교회에서
마지막으로 한 설교의 한 부분입니다.[109]

"40년 이상 나는 주님을 섬겼습니다. 주님의 이름을
찬양하라! 나는 주님이 주시는 사랑만을 받았습니다. 만일
주님이 기뻐하신다면 나는 계속해서 다시 40년을 똑같은
애정으로 기쁘게 섬길 것입니다. 주님을 섬기는 것은
생명이며 평화며 기쁨입니다."

바울 사도의 소망과 같이 스펄전도 하나님의
일꾼으로 살아가는 것을 즐거워하고 주님 만날 날을
사모하며 살았습니다. 그리고 살아가는 동안 날마다 죽음을
배우며 믿음의 선한 싸움을 잘 싸웠다는 확신이 있었습니다.
그것이 안식하는 중에 자신의 영혼을 하나님의 손에 맡기며

평안히 죽음을 맞을 수 있었던 이유였습니다.

나의 간절한 기대와 소망을 따라 아무 일에든지 부끄러워하지
아니하고 지금도 전과 같이 온전히 담대하여 살든지 죽든지 내
몸에서 그리스도가 존귀하게 되게 하려 하나니 이는 내게 사는
것이 그리스도니 죽는 것도 유익함이라 빌 1:20-21

끝까지 사랑한 선교사

호러스 언더우드

그 정도는

나도 여행할 수 있어,

할 수 있어.

호러스 언더우드(Horace Underwood, 1859~1916)는 1859년 7월 19일 영국 런던에서 태어났습니다. 12세에 부모와 함께 미국으로 이주해 뉴저지 노스 버겐에 정착했고, 1881년 뉴욕대학교를 졸업하고, 뉴브런즈윅New Brunswick신학교에 입학해 1884년 11월 뉴브런즈윅 제일개혁교회에서 목사 안수를 받습니다. 그리고 미국 북장로교 선교사로 임명되어 1885년 4월 5일 부활절에 아펜젤러 부부와 함께 26세의 나이에 조선에 도착합니다.

도착 후 근대식 의료기관으로 알렌Allen이 세운 광혜원(廣惠院, 이후 제중원)에서 한국인 의료 보조자를 위한 교육과 물리와 화학과 같은 기초 교육, 그리고 영어를 가르쳤습니다. 당시는 공개적으로 선교활동을 할 수 없던 시기였는데, 1886년 5월 서울 정동에 가옥 한 채를 빌려 고아 기숙학교인 언더우드학당을 시작으로 연희전문학교의 전신인 조선기독교대학을 세워 한국 근대 고등교육의 초석을 놓습니다. 그리고 기독교 가치관을 가진 세계 수준의 종합대학을 세우려는 목표는 연세대학으로 이어지는데, 교육사역을 통해 한국 기독교의 형성과 발전에 중요한 역할을 합니다.[110] 1889년 제중원(濟衆院) 의사인 릴리어스 호턴Lillias Horton과 결혼합니다.

그리고 조선 땅을 밟고 2년 후인 1887년 9월, 자신의 정동 집 사랑채에서 14명의 교인을 중심으로 이 중 두 사람을 장로로 장립하고 당회를 조직해 한국 최초의 조직교회인 정동교회(현 새문안교회)를 세웁니다.[111] 1912년 9월 조선예수교장로회 창립총회에서 초대회장을 맡습니다.

그가 한국에서 한 사역은 참 다양합니다. 교회 개척은 물론, 의료 선교와 교육기관이었던 세브란스병원과 의학과를 세우고, 한글을 통한 복음 선교에 관심을 갖고 한국어 문법서《한어문전》과 사전《한영자전》, 최초의 악보 있는 한글 찬송가《찬양가》를 편찬했습니다. 또 한국성교서회(현 대한기독교서회)를 설립하고 성서번역위원회를 조직하여 성서 번역 사역을 주관하며, 기독교청년회YMCA를 조직합니다. 그리고 건강상의 문제로 치료차 1916년 4월 미국으로 향하는데, 같은 해 10월 12일에 하나님의 부름을 받습니다.

〈호러스 언더우드〉ⓒ미국디지털공공도서관(DPLA)

선교사 호러스 언더우드는 건강이
극도로 쇠약해지면서 하나님의 부름을
받기 바로 전날, 말하기도 몹시 힘겨운
상태에서 이렇게 중얼거렸습니다.[112]
"그 정도는 나도 여행할 수 있어,
할 수 있어."
무슨 소리인지 의아한 아내가

"여보, 어디로요? 한국으로요?"라고
묻자, 언더우드는 얼굴이 밝아지며
고개를 끄덕였습니다. 여전히 한국에
대한 그리움을 가지고 있었던 것입니다.
이제 죽음을 앞둔 상황에서 아내가
"예수가 곁에 계신 것 같아요?"라고
묻자 언더우드는 고개를 끄덕였습니다.
"주님의 은혜가 계속되고 당신을
지켜 줄 것 같아요?"라는 질문에도
여전히 미소를 띠며 고개를
끄덕였습니다. 그리고 마침내 1916년
10월 12일 오후 3시가 조금 지난 시간,
애틀랜틱시티의 한 병원에서 하나님의
부름을 받습니다. 그리고 모母
교회인 그로브교회Grove Church 묘지에
안장됩니다.

살아서나 죽어서나
하나님이 주신 사명에 충성

언더우드가 건강상의 문제로 1916년 4월 치료차 미국으로
향할 때, 각계각층의 인사들과 많은 사람이 배웅했습니다.
하지만 미국에 간 이후 건강은 급속히 악화되었습니다.
그럼에도 불평 없이 어려움을 감당하며 자신이 얼마나
축복받았는지 주변 사람들에게 일깨워 주었습니다. 그리고
한국에 대한 마음은 여전해 사진을 꺼내 들고 한참을
들여다보곤 했다고 합니다.

1916년 10월 12일 소천 이후, 소식이 한국에
전해지자 많은 한국인과 동료 선교사들이 슬퍼했습니다.
당시의 분위기를 장로교 블레어 선교사는 자신의 편지에
이렇게 기록합니다.[113]

"어디를 가나 언더우드의 죽음을 슬퍼하는 사람들을
만날 수 있습니다. 언더우드가 한국인의 가슴속에 어떤
자리를 차지하고 있었는지를 알고 보니 놀라울 따름입니다.
심지어 기독교인이 아닌 이들조차 그에 대해서 그리고 그의
한국에 대한 깊은 사랑에 대해 잘 알고 있는 것 같습니다."

시간이 오래 지나고, 1999년 5월 20일 언더우드,
한국이름 원두우元杜尤 목사의 이장예배가 서울
양화진외국인선교사묘원에서 있었습니다. 원래 안장되었던
곳은 미국이었지만, 한국에 대한 그의 사랑과 가족의 뜻에
따라 이장移葬이 이루어졌습니다.

사실 육신의 질병으로 몸과 마음이 약해지는 시간은
인생에서 만나지 않았으면 하는 시기입니다. 피할 수만

있다면 그냥 지나칠 수 있기를 누구라도 간절히 바랍니다.

그런데 놀라운 신비는 평범하고 안정된 삶의 시간에서보다 오히려 고난의 순간, 죽음에 직면하는 그때에 비로소 세상에 나를 보내신 소명, 오늘을 사는 이유와 목적을 보다 분명히 깨닫습니다. 내가 정말 사랑하는 것, 귀하게 여기는 것이 무엇인지 선명하게 알게 되면서 깨끗한 마음으로 하나님이 주신 사명에 충성하게 됩니다.

그리고 하나님이 함께하심을 그 어느 때보다도 깊이 경험합니다. 한동안 세상일에 몰두하느라 잊고 살던 하나님 나라, 천국을 기억하고 그곳으로 부르실 영광의

〈언더우드 묘지〉양화진외국인선교사묘원 ©Lawinc82/Wikimedia Commons

날에 집중하도록 이끄시는 하나님의 음성에 귀 기울입니다.
여전히 나를 사랑하시는 하나님의 사랑을 믿음으로 온전히
고백하게 되는 특별한 은혜의 날이 바로 이날입니다.

예수께서 나아와 말씀하여 이르시되 하늘과 땅의 모든 권세를
내게 주셨으니 그러므로 너희는 가서 모든 민족을 제자로 삼아
아버지와 아들과 성령의 이름으로 세례를 베풀고 내가 너희에게

위. 〈광혜원〉 연세대학교 신촌캠퍼스 소재
아래. 〈언더우드학당의 아이들〉(1888년)

분부한 모든 것을 가르쳐 지키게 하라 볼지어다

내가 세상 끝날까지 너희와 항상 함께 있으리라 하시니라

마 28:18-20

내 마음 한가운데 있는 나라

언더우드가 한국에 대해 어떤 마음을 가지고 있었는지는
1891년 10월 23일, 미국 테네시주 내쉬빌Nashville에서
열린 전국신학교동맹The Inter-Seminary Missionary Alliance 모임에서
한국선교의 필요성을 호소한 연설에서 알 수 있습니다. 그
연설의 한 부분입니다.[114]

"한국은 내 마음 한가운데 있는 나라입니다. … 오!
오늘 이 사실을 여러분들이 꼭 기억해 주길 바랍니다. 지금
우리가 원하는 것은 바로 '사람'입니다."

언더우드의 마지막 강연집《원두우강도취집》(1920년)
11번째 제목은 '후세상'(다음 세상)인데, 예수님이 하신 말씀
"내가 너희를 위하여 거처를 예비하러 가노니"(요 14:2)를
중심으로 예수님이 예비하시는 천국에 대해 기록합니다.

눈에 보이지 않지만 그러나 성령과 믿음으로 아는
영원한 하나님 나라와 그곳을 향한 그리스도인의 오늘의
삶에 대해 설명하는데, 다음은 그 일부입니다.[115]

"… 예수를 위해 죽은 모든 순교자들이 그곳에
모여서 예수를 찬송하고 기뻐하겠고, 우리의 집안
식구라든지 그 외 형제자매 중에도 그곳에 가서 가족과
친구들을 만나 볼 것이니 그때의 즐거움이 얼마나

크겠습니까? 구주 곧 세상 죄를 위해 피 흘리신 어린양이 계시므로 우리가 금으로 만든 길이나 진주로 장식된 문, 양광陽光의 천사로 인해 기뻐하는 것이 아니라, 주를 친히 섬기는 것으로 기뻐할 것입니다. 주는 곧 우리의 빛이시요, 생명이시며, 기쁨이십니다. 누구든지 이 세상에 있을 동안에 예수를 사랑치 않고 어떻게 천국을 좋아할 수가 있겠습니까?"

몸과 마음을 다한 사랑의 수고

언더우드의 천국에 대한 소망과 간절한 사모함은 담대히 복음을 증거하며 하나님과 이웃을 사랑하는 것으로 확증되었습니다. 언더우드의 아내는 그가 전 생애에 걸쳐 일관되게 살아간 것, 동시에 수많은 이들이 그의 사역에 함께 동참하며 헌신할 수 있었던 이유를 '사랑'으로 설명합니다.[116]

즉 혈연적으로나 육신적으로 아무런 연관도 없던 한국 사람에 대한 수고를 마다하지 않고 섬김으로 복음을 전했던 것은 교파나 인종, 시간과 장소라는 테두리에 얽매이지 않는 사랑 때문이었다고 합니다.

언더우드 부부의 한국에 대한 사랑과 자신에게 주어진 삶과 사역에 얼마나 충성했는지는 각자의 이름에 담겨진 뜻에서도 짐작할 수 있습니다. 언더우드의 한국 이름 원두우元杜尤는 으뜸 '원'元, 막을 '두'杜, 허물 '우'尤로, '나쁜 것을 막는 힘의 근원'이란 뜻입니다. 그는 한국에서 이름 그대로의 삶을 살았습니다. 아내 릴리어스 언더우드의 한국 이름은 '서로 좋아하고 돈독하게 한다'는 호돈好敦이었고, 아들은 원한경元漢慶으로 '한양에서 태어난 경사'란 뜻을 담고 있습니다.

언더우드와 친밀하게 지냈던 존 모트John Mott 박사가 언더우드의 장례식 후 있었던 브루클린Brooklyn에서의 기념예배와 관련해 쓴 편지가 있습니다. 이 편지는 언더우드가 한국에 대해 가졌던 깊은 사랑의 마음과 선교에 대한 열정을 이렇게 강조합니다.[117]

"언더우드 박사는 평생 동안 선교사였으며, 불타는 듯한 복음적 정열을 소유하고 있었습니다. 내가 마지막으로 서울을 방문했을 때, 그와 내가 함께 사역했던 큰 전도 집회가 마치 어제 일처럼 생생합니다. … 하나님의 성령은 이 젊은이들 중 300명에 가까운 사람들이 그날 밤 생전 처음으로 자신들이 예수 그리스도의 제자이자 추종자라고 선언하도록 인도하심으로써 우리의 단합된 노력에 영광의 기쁨을 부어 주셨습니다. … 우리가 그의 횃불을 이어받아 불타는 열정과 주를 향한 끝없는 헌신으로 나갈 수 있도록 하나님이 도와주시길 빕니다."

내가 달려갈 길과 주 예수께 받은 사명 곧 하나님의 은혜의 복음을 증언하는 일을 마치려 함에는 나의 생명조차 조금도 귀한 것으로 여기지 아니하노라 행 20:24

목숨을 다한 사랑의 수고

손양원

그러지 말고

선생도

예수 믿으십시오.

손양원(孫良源, 1902-1950) 목사는 1902년 경상남도 함안군 칠원면 구성리에서 손종일 장로와 김은주 집사의 장남으로 태어났습니다.

일제 강점기에 신사 참배에 반대해 1940년 9월부터 1945년 8월 사이에 옥고를 치르다 해방을 맞아 출옥합니다. 해방과 함께 애양원교회 목회에 복귀합니다. 그런데 1948년 10월 21일, 23세 동인과 18세 동신 두 아들은 좌익 학생들에 의해 숨집니다.

6·25 전쟁이 발발했을 때, 주변에서는 피난을 권했지만 손양원 목사는 거절합니다. 병들어 행동이 자유롭지 못한 한센병 환자들을 두고 혼자 피할 수 없다는 이유에서였지요. 이들을 두고 도망가면 누가 돌보겠냐는 걱정과 주님 품이 아닌 세상에는 완전한 피난처가 없음을 알았기 때문이었습니다. 결국 공산당원에 체포되어 1950년 9월 28일, 여수 미평의 과수원에서 여러 사람과 함께 총살당해 순교합니다.

〈애양원 정문에 선 손양원 목사〉ⓒ애양원교회

6·25 전쟁이 일어나고 한 달 뒤인
1950년 7월 27일, 전라남도 여수가
북한군의 수중에 넘어갔습니다.
손양원 목사는 공산당원에 체포되어
9월 28일 순천으로 이동하던 중

여수 미평의 과수원에서 여러 사람과
함께 총살됩니다. 그 자리에서
간신히 도망쳤던 김창수는 손양원
목사가 자신에게 해준 말을 이렇게
전합니다.[118]
"창수 군, 기도하게.
어떠한 순간에도 기도를 잊지 말게.
하나님께서 힘주실 것이네.
자, 우리는 천국에서 만나세."
그리고 손양원 목사는 죽기 직전까지
자신을 죽이려는 인민군을 향해 복음을
전하며 생의 마지막을 맞습니다.[119]
"그러지 말고
선생도 예수 믿으십시오."

죽음의 위협에도 잃지 않은 소명

손양원은 일제 강점기에 신사 참배에 반대해 1940년
9월부터 1945년 8월 사이에 옥고를 치르다 해방을 맞아
출옥합니다.

　　1943년 9월 25일 광주형무소에서 아버지에게 쓴
편지에 아버지를 안심시키는 내용과 함께 이런 한시를 지어
적어 보냈습니다.[120]

　　　"본가를 멀리 떠나 옥중에 들어오니

　　　깊은 밤 깊은 옥에 깊은 시름도 가득하고

　　　밤도 깊고 옥도 깊고 사람의 시름도 깊으나

　　　주와 더불어 동거하니 항상 기쁨이 충만하도다

　　　옥중 고생 4년도 많고 많은 날이나

　　　주와 더불어 즐거워하니 하루와 같구나

　　　지난 4년 평안히 지켜 주신 주님

　　　내일도 확신하네 여전한 주님"

　　더불어 못된 아들의 죄를 바다와 같이 널리 용서해
주시길 빈다며 이렇게 날마다 기도하고 있다고 적었습니다.[121]

　　　"하나님이시여, 나의 육신의 아버지는 비록 죄악
세상을 보는 눈은 어두워졌을지라도 하늘의 영광을 보는
눈은 더욱 밝게 하옵시고, 또한 인간의 음성을 듣는 귀는
멀어졌을지라도 주의 음성을 듣는 귀는 밝게 하여 주십시오.
걸어다니는 다리는 연약해졌으나 날마다 에덴 낙원에
걸어가서 기뻐하게 하시고, 그래서 인간과의 교제 대신에
하나님과 더불어 영적 생활과 이 세상을 멀리 떠나 지상에서
천국을 살아가는 사람이 되게 하여 주시기를 간절히 비옵니다."

만물의 마지막이 가까이 왔으니 그러므로 너희는 정신을 차리고
근신하여 기도하라 무엇보다도 뜨겁게 서로 사랑할지니 사랑은
허다한 죄를 덮느니라 벧전 4:7-8

한 사람이라도 잃지 않으려는 순교자

손양원 목사가 해방과 함께 애양원[122] 교회 목회에
복귀하면서 5년 동안 뿔뿔이 흩어졌던 가족들이 다시
모였습니다. 두 아들은 순천에서 하숙생활을 하며 동인은
순천사범학교에, 동신은 순천중학교에 각각 편입해
공부를 재개합니다.

　　당시 학교는 좌익과 우익으로 나뉘어 갈등과 대립이
심각했습니다. 1948년 10월 19일 여수·순천사건이
일어나면서 10월 21일 두 형제는 좌익 학생들에 의해
사로잡혀 순천경찰서 뒷마당에서 매를 맞다 총에 숨집니다.
그때 동인의 나이 23세, 동신의 나이 18세였습니다. 그들은
그 상황에서도 "너희들도 그러지 말고 예수를 믿으라, 우리
동족끼리 상쟁하지 말자, 참다운 예수 정신으로 살아야 우리
민족이 복을 받는다"며 전도했다고 합니다.[123]

　　두 아들의 죽음 소식을 애양원 부속학교인
성산소학교 홍순복 선생에게서 전해 들은 손양원 부부는
충격에 빠집니다. 그럼에도 주변 사람의 위로와 격려의
이야기 속에 마음속에 한 줄기 밝은 빛이 비치는 것을
느끼면서 두 아들의 순교를 감사로 받아들이게 됩니다.
그리고 아들을 죽인 사람을 용서하고 예수 믿는 사람으로

〈안재선을 용서하는 손양원 목사〉ⓒ애양원교회

만들겠다고 선언하며 이렇게 말합니다.[124]

"내 두 아들 동인이 동신이는 분명코 천당에 갔을 것입니다 마는 동인이 말한대로 내 두 아들 죽인 사람들은 지옥 갈 것이 확실합니다. 내 어찌 아비 된 자로 이 일을 그대로 두겠습니까! 나 역시 인간들이 불신 지옥 갈까 보아 전도하러 다니는데 내 아들 죽인 죄를 회개 않고 죽는 사람들을 내 어찌 방관하겠습니까? 또 저 사람들이 다른 민족이라도 구원해 내야 할 테인데 동족이 아닙니까? …

다른 이는 내가 몰라도 내 아들 죽인 자들이 앞으로 체포되거든 절대로 사형치 말고 때리지도 말게 하면 내가 전도해서 회개시켜 예수 믿게 하여 내 아들 삼겠다고 말을 하고, 또 내 아들 생전에 내게 말하기를, 나도 이후 신학을 마치고 목사가 되어 아버지가 섬겨 받들던 애양원교회 위하여 일하겠다고 하였으니 내 두 아들 순천에 묻지 말고 애양원 동산에 묻어 주시오. 이 두 가지가 오늘 여러분과 하나님 앞에 드리는 내 소원입니다."

결국 두 아들을 죽인 원수를 용서했을 뿐만 아니라, 자신의 아들로 삼습니다. 그런 손양원 목사의 결단에 딸인 손동희 권사는 이런 하소연을 합니다.[125]

"아버지, 생각해 보세요. 용서했으면 용서했지 아들 삼겠다는 것은 또 뭡니까? 아버지가 그 놈을 아들 삼으면 내겐 오빠가 될 텐데 나더러 그 원수를 오빠라고 부르란 말입니까?"

도저히 이해할 수 없는 아버지의 말에 손동희는 엉엉 울며 극도로 흥분해 아버지에게 소리치며 대들었습니다. 오빠들의 한 맺힌 소리가 들리지 않느냐며, 그렇게 하지 않으면 예수를 못 따르는 것이냐고, 왜 아버지는 항상 별난 예수를 믿느냐며 따졌습니다. 이에 대한 손양원 목사의 대답은 분명했습니다.[126]

"동희야, 성경말씀을 자세히 보아라. 성경말씀에는 분명히 원수를 사랑하라고 하였다. 용서만 가지고서는 안 된다. 그 학생들을 살려 주는 것만으로는 부족하다는 뜻이다. 원수를 사랑하라고 했으니 사랑하기 위해 아들을 삼아야 한다. 아브라함은 100세에 얻은 외아들 이삭을 하나님 명령 한 마디에 모리아 제단에서 칼로 찌르려 하지 않았더냐. 너는 어떻게 생각하느냐? 이 시험이 그 시험보다 더 힘들다고 생각하느냐? 또 강철민을 죽인다면 그것은 네 두 오빠의 순교를 값없이 만드는 것이 되고 만다."

결국 아들을 죽인 강철민(본명 안재선)은 죽음 직전에 구사일생으로 구출됩니다.

그러나 너희 듣는 자에게 내가 이르노니 너희 원수를 사랑하며

너희를 미워하는 자를 선대하며 너희를 저주하는 자를 위하여
축복하며 너희를 모욕하는 자를 위하여 기도하라 너의 이 뺨을
치는 자에게 저 뺨도 돌려대며 네 겉옷을 빼앗는 자에게 속옷도
거절하지 말라 눅 6:27-29

여러 해 전, 여수로 가족여행을 갔다가 애양원교회와
손양원목사순교기념관을 방문한 적이 있습니다. 그런데
순교기념관에서 참 놀라운 전시물을 보았는데, 그것은 바로
감사헌금 봉투였습니다.

손양원 목사가 두 아들 장례식을 치르고 다음 주일
드린 감사헌금 봉투가 그대로 전시되어 있었습니다. 당시
손양원 목사의 한 달 사례비가 80원이었는데, 봉투 겉장에는
이렇게 쓰여 있었습니다. "손양원 감사헌금 1만 원"

〈애양원 사택 앞에서 찍은 가족사진〉 1939년 7월 14일 부임 당시의 모습 ©애양원교회

매일을 마지막 날로 사는 그리스도인

손양원 목사는 매일을 '마지막 날'로 여기며 주님이 다시 오실 그날을 소망하며 살았습니다. 다음은 여수 애양원에서 목회하며 부르던 노래인데, 그런 그의 마음을 읽을 수 있습니다.[127]

"낮에나 밤에나 눈물 머금고 내 주님 오시기만 고대합니다. 가실 때 다시 오마 하신 예수님 오 주여 언제나 오시렵니까?

고적하고 쓸쓸한 빈 들판에서 희미한 등불만 밝히어 놓고, 오실 줄만 고대하고 기다리오니 오 주여 언제나 오시렵니까?

먼 하늘 이상한 구름만 떠도 행여나 내 주님 오시는가해, 머리 들고 멀리멀리 바라보는 맘 오 주여 언제나 오시렵니까?

내 주님 자비한 손을 붙잡고 면류관 벗어 들고 찬송 부르면, 주님 계신 그곳에 가고 싶어요, 오 주여 언제나 오시렵니까?

신부 되는 교회가 흰옷을 입고 기름 준비 다 해놓고 기다리오니, 도적 같이 오시마고 하신 예수님 오 주여 언제나 오시렵니까?

천년을 하루같이 기다린 주님, 내 영혼 당하는 것 볼 수 없어서 이 시간도 기다리고 계신 내 주님 오 주여 이 시간에 오시옵소서!"

그는 갑자기 순교자가 되는 법은 없으니 잘 준비해야 한다면서 먹고 마시는 것도 주를 위해 또 다른 사람을 높이지 말고 주님만 높이다가 죽는 자가 되자고 권면합니다.
1949년 5월 8일 서울시 마포구 신수동성결교회 부흥회 기간
중 쓴 일기에 다음의 내용이 있습니다.[128]

"오늘이 내 날이다. 오늘만 내 날이다. 어제는
지나갔으니 나와는 관계가 없어졌고 내일은 아직 오직
않았으니 오늘 밤 어찌 될지 믿을 수 없으니 오늘만 내
날이다. 선을 행할 날도 오늘이요, 죄를 지을 날도 오늘이다.
천당 가고 지옥 갈 선악의 한 날도 오늘 행동에
달렸다. 천만인을 살리고 죽이는 일도 오늘의 나의 행동에
달렸다. 과거를 반성할 날도 오늘이요 미래를 준비할 날도
이 한 날이다. 오늘이란 참 중시할 이 하루다. 한 날 생활은
이같이 중요하다."

> 그런즉 너희는 먼저 그의 나라와 그의 의를 구하라 그리하면
> 이 모든 것을 너희에게 더하시리라 그러므로 내일 일을 위하여
> 염려하지 말라 내일 일은 내일이 염려할 것이요 한 날의
> 괴로움은 그 날로 족하니라 마6:33-34

1950년 4월 23일 대구에서 열린 대한예수교장로회
총회 기간 중에 주기철, 최봉석 목사 순교추모예배가
있었습니다. 여기서 손양원 목사는 '주 안에서 죽는 자들은
복이 있도다'(계 14:13, 히 11:33)는 제목으로 설교합니다. 그는
주기철 목사를 형님으로 부르며 그의 순교를 부러워하곤
했는데,[129] 다음은 설교 내용의 일부입니다. [130]

"세계통계상으로 보면 1초 동안에 한 사람 반씩
죽는다 하니 인간 육천 년 동안에 묻힌 무덤은 얼마나

많으랴! 나도 죽어서 땅 속에 묻힌 해골들에게 물을 수
있다면 즉 '너희들이 무엇 하다 죽었는가?'라고 물어보고
싶습니다. 그러면 여러 가지 대답이 있을 것입니다. 혹시
'나는 복통으로 죽었소' 혹은 '나는 두통으로', '나는
전쟁으로' 하겠지만 순교자 스데반의 뒤를 이어 최봉석
목사님과 주기철 목사님께서는 '우리는 예수를 위하여 피
흘리고 왔다'고 할 것입니다. 우리도 이 밤에 그들의 뒤를
이를 준비가 되기를 바랍니다."

형제들아 내가 그리스도 예수 우리 주 안에서 가진 바 너희에
대한 나의 자랑을 두고 단언하노니 나는 날마다 죽노라 고전 15:31

1949년 8월 6일에 쓴 일기에서는 천국에 대한 분명한
소망을 가지고 매일매일을 예수님과 함께 살고 죽고자
했던 손양원 목사의 신앙을 읽을 수 있습니다. 오늘을 사는
그리스도인이 꼭 기억해야 할 소중한 신앙의 유산입니다.[131]
"어느 집회 마지막 날 한 누님이 내게 흰 종이를
내밀며 '목사님, 주소와 생일 날짜를 적어 주세요'라고 한다.
아마 생일에 선물할 모양이다. 나는 그 종이에 이렇게 썼다.
'내 주소는 주님 품이며 내 생일은 중생된 날짜인데, 중생된
날짜는 미상입니다. 고로 땅 위에 사는 나는 장막생활이며,
내 생일잔치는 천국에 들어가는 그날입니다.'"

주께서 나를 모든 악한 일에서 건져내시고 또 그의 천국에
들어가도록 구원하시리니 그에게 영광이 세세무궁토록
있을지어다 아멘 딤후 4:18

온전한 섬김으로 모든 것을

내어 준 의사 장기려

주님을

섬기다 간

사람

장기려(張起呂, 1911-1995)는 1911년 일제강점기에 평안북도 용천군에서 태어나 경성의학전문학교를 졸업합니다. 이후 일본 나고야제국대학에서 의학박사 학위를 받습니다. 해방 후에는 귀국해 평양의과대학 등에서 외과교수로 지내던 중, 6·25 전쟁이 발발합니다. 곧 전쟁이 끝나리라 생각해 5남매 중 둘째아들만 데리고 부산으로 피신합니다.

부산에서 피난민들을 위해 1950년 겨울, 천막을 치고 무료 진료를 시작으로 부산 영도에 복음병원을 세웁니다. 현재 부산에 있는 고신의료원의 전신입니다. 이후 1968년 가난한 사람들도 치료받을 수 있도록 국내 최초의 의료보험조합인 청십자의료보험조합을 설립합니다. 은퇴 후인 1976년에는 청십자병원을 세워 85세 생을 마치기까지 섬김의 삶을 삽니다.

그는 대한민국 의료사에 있어 간 질환 분야에서 두드러진 업적을 남겼습니다. 1943년 처음으로 간 부분절제수술에 성공했고, 1959년에는 간암 환자의 간 대량절제수술에도 성공했습니다. 또한 간의 혈관과 미세구조 등에 관한 지속적인 연구를 통해 의학 발전에 큰 공헌을 했습니다.

장기려 선생은 1995년 12월 25일 새벽 1시 45분, 서울 중구 백병원에서 하나님의 부름을 받습니다.

〈장기려〉ⓒ성산장기려기념사업회 블루크로스의료봉사단

장기려 선생이 고신의료원에 입원해 있을 때, 주변 사람들이 서울로 올라가 좀 더 나은 치료를 받으라고 권했습니다. 하지만 이미 곧 죽을 것임을 분명히 알았기에 더 살 것에 대해 집착하지 않았습니다.

비싼 돈을 들여가며 서울로 가는 것도 원치 않았습니다. 결국 아들과의 긴 실랑이 끝에 1995년 11월 3일 서울 백병원에 입원하지만, 그는 이미 10월에 아들 장가용에게 자신의 묘비에 쓸 말을 유언으로 남깁니다. 그것은 바로 이것이었습니다.

"주님을 섬기다 간 사람"[132]

섬김을 위한 삶의 여정

장기려 선생에게 의사가 된 이유를 묻는다면, 의사를
한 번도 못 보고 죽어 가는 가난한 사람들을 위해 뒷산
바윗돌처럼 항상 서 있는 사람이 되기 위해서라고 대답할
정도로 그는 가난한 이들에 대한 마음이 특별했습니다.
그래서 이름에 항상 붙어 다니는 수식어는 '가난한 이들의
아버지', '바보 의사', '옥탑방 의사'였습니다.
　　실제로 병원 옥상 사택에서 살며 뇌경색으로
반신마비가 될 때까지 무의촌 진료를 다녔습니다. 한국 전쟁
이후 어렵고 혼란스런 상황 속에서 치료비나 입원비가 없는
환자를 빈번히 무료로 치료해 주었습니다. 때로는 직원들
몰래 병원 문을 열어 두어 환자가 도망치게 도와주었습니다.

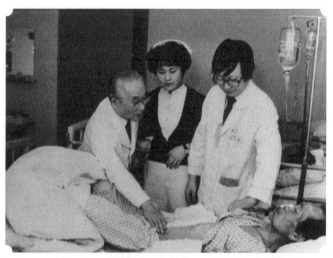

〈복음병원 원장 시절〉©성산장기려기념사업회 블루크로스의료봉사단

그러면서 남 모르게 돌봐 주던 환자에게 바보처럼 웃으며 건넨 마지막 인사가 "올 크리스마스에는 못 올 것 같아 미리 왔네"였다고 합니다. 어려운 이웃을 도와주는 것은 자기 자신이 생명을 갖고 있다는 것을 증명하는 것이라며 이렇게 말했습니다.[133]

"우리에게 생명이 있는지 없는지 또한 사랑을 통하여 시험할 수 있습니다. … 잘 죽는 자가 잘 사는 자입니다. 다른 사람을 위해서 자기의 목숨을 버리는 자만이 영원한 생명을 소유한 사람입니다."

> 너희 중에는 그렇지 않아야 하나니 너희 중에 누구든지 크고자 하는 자는 너희를 섬기는 자가 되고 너희 중에 누구든지 으뜸이 되고자 하는 자는 너희의 종이 되어야 하리라 인자가 온 것은 섬김을 받으려 함이 아니라 도리어 섬기려 하고 자기 목숨을 많은 사람의 대속물로 주려 함이니라 마 20:26-28

예수 그리스도의 생명으로 인도해야 할 사명

장기려는 기독 의사로서 죽음을 생명의 최종 단계로 본 생물학자들의 견해에 더해 정신과 심령, 곧 인격자로서 육신의 옷을 벗어 버리는 생명의 과정으로 설명합니다. 〈부산모임〉 13권 1호(1980년 2월)에서 사람의 육적 생명의 죽음에 대한 정의와 진단, 죽음의 종류와 형태 그리고 가역성과 불가역성의 특징을 이야기합니다.

여기서 엘리자베스 퀴블러 로스Elizabeth Kübler Ross의

죽음의 5단계인 '부정', '분노', '우울', '타협', '순응' 그리고
이 전체 단계에 관여하는 '희망'을 설명하며 실제로
환자들과의 대화를 통해 이러한 심리과정을 확인합니다.
그리고 여러 세미나를 통해 임종 환자의 인격과 그 의사를
존중하고 이에 잘 대처하는 것이 의료인의 올바른 태도라고
강조합니다.[134]

　　　장기려는 의사 생활에서 경험한 많은 사례를 통해
죽음은 생물학적 또는 정신의학적으로 생명의 한 부분이고
과정이라면서 특히 기독 의사로서의 죽음에 대한 이해를
이렇게 설명합니다.[135]

　　　"불신자는 생물학적 생명의 보존을 위한 희망으로
끝마치지만, 예수 그리스도를 믿는 자는 죽음을 지나
예수님의 영원한 생명으로 이행합니다. 이성이 건전한
사람은 정신이완에 빠지지 않고 소망 중에 죽음을 맞습니다.
기독 의사는 그 소망을 예수 그리스도의 생명으로 인도해
주어야 할 것입니다. 육의 죽음은 곧 그의 인격이 육을 벗어
버리는 현상에 지나지 않습니다."

　　　장기려는 육신의 생명만 살리는 의사가 아니라,
예수 그리스도 안에서 얻는 영원한 생명을 전하는 사명을
감당하기 위해 전심을 다했습니다. 그래서 하나님을 바르게
섬기지 않고 자신의 이익을 위해 하나님을 이용하거나,
하나님 아닌 다른 것을 섬기는 것에 대해 경계했습니다.
그런 마음에 자신의 성공과 편안함을 멀리하고 더욱 가난한
이웃을 위해 자신의 모든 것을 내어 주려 했습니다.

　　　사람이 나를 섬기려면 나를 따르라 나 있는 곳에 나를 섬기는

〈천막병원 의료진〉 ©성산장기려기념사업회 블루크로스의료봉사단

자도 거기 있으리니 사람이 나를 섬기면 내 아버지께서 그를
귀히 여기시리라 요 12:26

하나님의 영광을 구하는 삶

1995년 11월 3일, 장기려 선생은 하늘나라로 갈 때가 다 된
것을 느끼고는 아들 장가용과 손동길을 불렀습니다. 그리고
구약의 아브라함이 그의 종과 한 약속의 방식대로(창 24:1-
9), 두 사람의 손을 자신의 허벅지 아래 넣고 다음 두 가지
약속을 하게 합니다.[136]

〈장기려〉©성산장기려기념사업회 블루크로스의료봉사단

첫째는 장례식에 대한 것입니다. 장례는 가족장이든
사회장이든 아들에게 맡기겠다고 했고, 다만 장례예배는
'종들의 모임'의 로빈슨 선교사의 인도를 따르라고
했습니다. 둘째는 매장방식에 대한 것으로 자신의 시신을
화장火葬해서 부산 앞바다에 뿌려 달라고 했습니다.

　　실제로 장례는 가족장으로, 빈소는 서울대학병원에
마련되었습니다. 그런데 장기려 선생의 죽음에 각계각층의
사람들이 몰려왔고, 이미 방송국 중계차까지 나와
있어 로빈슨 선교사의 인도로 장례예배를 진행하지는
못했습니다. 그리고 유해遺骸는 경기도 남양주시 마석
모란공원묘지에 안치되었습니다.

　　장기려 선생 추모 10주기 추모예배 때, 이만열 교수는
기념강연에서 이렇게 장기려 선생에 대해 이야기했습니다.[137]

　　"우리는 우리 시대의 위대한 성인 한 분을 잃었다.

그분에게 위대하다거나 성인이니 하는 말이 전혀 어울리지 않는다. 세상에 이름이 드러나기를 원치 않으셨고 오직 하나님께만 인정받기를 원하셨던 분이었기 때문이다."

서로 대접하기를 원망 없이 하고 각각 은사를 받은 대로 하나님의 여러 가지 은혜를 맡은 선한 청지기 같이 서로 봉사하라 만일 누가 말하려면 하나님의 말씀을 하는 것 같이 하고 누가 봉사하려면 하나님이 공급하시는 힘으로 하는 것 같이 하라 이는 범사에 예수 그리스도로 말미암아 하나님이 영광을 받으시게 하려 함이니 그에게 영광과 권능이 세세에 무궁하도록 있느니라 아멘 벧전 4:9-11

나의 마지막 말, 사랑

집을 나서거나 부모의 곁을 떠나 새로운 환경으로 나가는 자녀에게 부모는 하고 싶은 말이 참 많습니다. 건강을 잘 챙기라는 말부터 시작해 격려와 지지의 말들이 이어지는데, 이런 당부의 말을 하고 나서도 아쉬움은 여전히 남습니다. 사랑하기 때문입니다.

김치영 목사는 〈유언을 남기지 않도록 하소서〉라는 제목의 시에서 죽음에 임박했을 때 자식들 모아 놓고 못다 한 일 후회하거나 남은 일 부탁하지 않고, 다만 '먼저 간다'는 말하고 떠날 수 있기를 소원한다고 말합니다. 그런 마음으로 다른 것은 다 놔두고, 다만 신앙의 유산을 이어 가길 바라는 마지막 한 마디를 적어 봅니다.

마치며

죽음 앞에서만큼 인간의 유한성과 연약함을
사실적으로 깨닫는 순간도 없습니다. 그러기에 내가
마주하게 될 죽음을 하나님의 뜻으로 받아들이며 경건한
마음으로 그날에 다다르기까지 삶을 살아야 합니다. 오늘,
나의 삶에 더욱 신중하고 감사해야 하는 것은 죽음은 삶과
분리되지 않는 인생 여정의 마지막으로 지난 삶을 담아내기
때문입니다.

매 순간 일상의 삶에서 하나님 나라를 위한 삶과
함께 천국에 이르게 될 죽음의 때를 생각하면서 준비하는
중에 스스로에게 물어야 합니다. 내가 죽은 후에 사람들은
나를 어떤 사람으로 기억할지, 나는 누군가에게 슬픔과
아픔 그리고 후회의 기억만이 아니라 사랑의 기억을 남겨
준 사람인지를 말이지요. 내가 남기게 될 삶의 마지막 그 한
마디가 무엇이 될지 말입니다.

사실 나의 삶의 마지막 한 마디가 너무도 평범한
말일 수 있습니다. 그러나 그 말이 누군가의 가슴속에 남아
삶의 길을 바꾸기도 하고 새로운 길의 문을 열 것입니다.
또 가려진 눈으로 세상의 시선에 좌우되던 판단을 보다
선명하게 하는 별과 나침판도 될 것입니다. 하나님의 사람,
여러분에게 묻습니다.

"그리스도인인 당신이 남길 삶의 마지막 한 마디,
그것은 무엇입니까?"

주

잠들지 않는 말 첫 번째. 감사

그리스도를 위한 삶에 만족한 장 칼뱅

1   조이스 맥퍼슨(Joyce McPherson), *The River of Grace: A Story of John Calvin*, 임금선 역, 《칼빈 이야기》(대성닷컴, 2009년), 192쪽.

2   위의 책, 167쪽.

3   위의 책, 172쪽.

4   존 칼빈, *Institutes of the Christian Religion*, 원광연, 《기독교 강요- 중》(크리스천다이제스트, 2003년), 239쪽.

5   헤르만 셀더하위스, "'죽음과 죽어감'에 대한 칼빈의 견해", 신학정론 제34권 2호(2016. 11), 37쪽.

6   존 칼빈, 238쪽.

7   위의 책, 237-238쪽.

8   조이스 맥퍼슨, 172쪽.

참된 목자이기를 원했던 리처드 백스터

9   영국 국교회의 예배와 기도 그리고 의식 등을 통일하기 위해 영국 의회가 1549년부터 1562년까지 4차에 걸쳐 제정하고 공포한 법률로 '예배 통일법'이라고도 합니다.

10 존 맥아더(John MacArthur), *Our Awesome God*, 서진희 역, 《하나님을 알아가는 기쁨》(넥서스CROSS, 2009년), 104-105쪽.

11 리처드 백스터, *The Saint's Everlasting Rest*, 스데반황 역, 《성도의 영원한 안식》(평단아가페, 2011년), 249쪽.

12 위의 책, 413쪽.

13 알리스터 맥그래스, *A Brief History of Heaven*, 윤철호·김정형 역, 《천국의 소망》(크리스천 헤럴드, 2005년), 11-126쪽.

14 리처드 백스터, *The Reformed Pastor*, 고성대 역, 《참된 목자》(크리스천다이제스트, 2016년), 20-22쪽.

15 위의 책, 31-32쪽.

임마누엘의 하나님을 붙잡은 존 웨슬리

16 존 웨슬리, *The journal of John Wesley*, 김영운 역, 《존 웨슬리의
    일기》(크리스천다이제스트, 2019년), 462쪽.
17 위의 책, 460쪽. 감리교 신자인 벳시 리치(Betsy Ritchie)는 웨슬리 목사의 최후 두 달
    동안 항상 그의 곁에 있으며 그에 대한 기록을 남겼습니다.
18 위의 책, 43쪽. 1736년 2월 7일 토요일 일기에서.
19 위의 책, 458쪽. 1790년 10월 24일 주일 일기에서.
20 위의 책, 86-87쪽. 1739년 6월 11일 월요일 일기에서.
21 토니 레인(Tony Lane), *The Lion Concise Book of Christian Thought*,
    박도웅·양정호 역, 《기독교 인물 사상 사전》(홍성사, 2007년), 308쪽.
22 존 웨슬리, 228쪽. 1753년 11월 26일 월요일 일기에서.
23 이 구절은 웨슬리가 5세 때 그가 살던 관사에 불어나 2층에 갇혀 있다 간신히
    구조되었던 경험을 반영한 것으로 보입니다. 그 사건 이후 어머니는 "불에서 꺼낸
    그슬린 나무"라 여기며 하나님이 그에게 특별한 사명을 맡길 것을 생각했다고 합니다.
    토니 레인, 303쪽.

노예 상인에서 복음의 증거자로 존 뉴턴

24 존 뉴턴, *Out of the Depths*, 이혜진 역, 《나 같은 죄인 살리신》(NCD, 2008년), 217쪽.
25 위의 책, 218-219쪽.
26 제리 브리지스(Jerry Bridges), *Respectable Sins*, 오현미 역, 《크리스천이 꼭 이겨야
    할 마음의 죄》(두란노, 2008년), 41-42쪽.
27 존 뉴턴, 216-217쪽.
28 토머스 머튼(Thomas Merton), *The Wisdom of the Desert*, 안소근 역, 《토머스
    머튼이 길어낸 사막의 지혜》(바오로딸, 2011년), 125쪽.
29 존 뉴턴, 14-15쪽. 《올니 찬송가》(Olney Hymns) 1권 41장.

고난의 일상 중에도 감사를 노래한 패니 크로스비

30 가진수, 《영혼의 찬양 전도자 패니 크로스비》(아이러브처치, 2006년), 378쪽.
31 정영진, 《광야수업》(리더북스, 2008년), 54쪽.
32 가진수, 64쪽.
33 로버트 모건(Robert Morgan), *The Promise*, 박규태 역, 《절망을 뒤집는 하나님의
    새끼손가락》(국제제자훈련원, 2010년), 140-142쪽.
34 가진수, 76쪽.
35 위의 책, 85쪽.
36 위의 책, 159-161쪽.

37   전광, 《작은 감사 큰 행복》(생명의말씀사, 2007년), 115-117쪽.

모든 것에 감사한 칼 바르트

38   에버하르트 부쉬(Eberhard Busch), *Karl Barths Lebenslauf*, 손성현 역, 《칼 바르트:
      20세기 신학의 교부, 시대 위에 우뚝 솟은 신학자》(복있는사람, 2014년), 849-850쪽.
      1968년 5월 편지에서.

39   위의 책, 850쪽.

40   마이클 부쉬(Micheal Bish) 엮음, *This Incomplete One*, 김요한 역, 《내 아버지 집에
      거할 곳이 많도다》(새물결플러스, 2010년), 39쪽.

41   칼 바르트, *Dogmatik im Grundriß*, 신준호 역, 《칼 바르트 교의학 개요》(복있는사람,
      2015년), 248쪽.

42   토니 레인, *The Lion Concise Book of Christian Thought*, 박도웅·양정호 역, 《기독교
      인물 사상 사전》(홍성사, 2007년), 362쪽.

잠들지 않는 말 두 번째. 소망

죽음을 잠으로 설명한 마르틴 루터

43   헤르만 셀더하위스, *Luther, A man seeking God*, 신호섭 역, 《루터, 루터를
      말하다》(세움북스, 2016년), 497-498쪽.

44   마르틴 루터, *Table Talk*, 김민석 역, 《탁상 담화》(컨콜디아사, 2017년), 654쪽.
      히에로니무스 베졸트(Jerome Besold)가 기록한 탁상 담화(NO.5677, 1546년 2월
      16일). '탁상 담화'는 비텐베르크 검은 수도회에서 살던 루터가 그곳에 마련된 식탁에서
      여러 지인들과 나눈 영감 가득한 대화를 기록한 것으로 루터가 말한 모든 것이 아닌
      기록자들이 관심을 끄는 것들을 중심으로 존경받는 선생님에 대한 개인적 기념이나
      문제 해결을 위한 안내서와 같이 개인적인 용도로 기록한 것입니다. 루터는 간혹
      기록하는 사람에게 이것을 기록하라거나 이것을 잘 표시해 놓으라고 요구했다고
      합니다. 위의 책, vii-x 쪽.

45   위의 책, 425-426쪽. 안톤 라우터바흐(Anton Lauterbach)가 기록한 탁상
      담화(NO.3916, 1538년 7월 17일).

46   위의 책, 600쪽. 카스파 하이덴라이히가 기록한 탁상 담화(NO.5497, 1542년 9월).

47   위의 책, 226쪽. 요하네스 슐라긴하우펜(John Schlaginhaufen)에 의해 기록된 탁상
      담화(NO.1442, 1532년 4월 7일부터 5월 1일 사이).

48   파이트-야코부스 디터리히(Veit-Jacobus Dieterich), *Martin Luther. Sein Leben
      und seine Zeit*, 박흥식 역, 《마르틴 루터와 그의 시대》(홍성사, 2017년), 218쪽.

49   위의 책, 224쪽.

50 마르틴 루터, *Day by Day We Magnify Thee*, 추인해 역, 《루터 생명의 말》(동서문화사, 2010년), 648쪽.

51 김선영, "16세기 프로테스탄트 개혁가 마르틴 루터의 죽음관", 장로교회와 신학 14(2018), 141-177쪽.

52 마르틴 루터, 《루터 생명의 말》, 657쪽.

53 파이트-야코부스 디터리히, 224쪽.

본향을 향한 순례자 존 번연

54 존 번연, *The Pilgrim's Progress*, 최종훈 역, 《천로역정》(포이에마, 2011년), 302쪽.

55 위의 책, 305쪽.

56 존 파이퍼(John Piper), *Taste and See*, 김재영 역, 《하나님을 맛보는 묵상》(좋은씨앗, 2006년), 349쪽.

57 존 맥아더, *Hard to Believe*, 이용중 역, 《값비싼 기독교》(부흥과개혁사, 2009년), 194쪽.

58 Rick Warren, "The Answer Is Easter: Find Hope This Easter with Pastor Rick Warren". 리 스트로벨(Lee Strobel), *The Case for Hope*, 정성묵 역, 《불변의 소망》(두란노, 2016년), 62-63쪽 재인용.

59 어거스틴(Augustine), *St. Augustine's Confessions* Ⅰ. Ⅱ., 선한용 역, 《성 어거스틴의 고백록》(대한기독교서회, 1990년), 19쪽.

하나님 만날 날을 사모한 드와이트 무디

60 데이비드 베빙턴(David Bebbington), *The Dominance of Evangelicalism*, 채천석 역, 《복음주의 전성기》(CLC, 2012년), 62-63쪽.

61 피트(A. P. Fitt), *The Life of D. L. Moody*, 서종대 역, 《무디의 생애》(생명의말씀사, 2002년), 177쪽.

62 위의 책, 9쪽.

63 무디(William R. Moody), *The Life of D. L. Moody*, 김한기 역, 《위대한 전도자 무디》(은혜, 1993년), 172쪽.

64 위의 책, 174쪽.

65 전광, 《성경 읽고 위대한 영웅이 되라》(두란노, 2004년), 48-49쪽.

66 레이몬드 어드먼(Raymond Edman), *They Found the Secret*, 이선봉 역, 《증인》(생명의말씀사, 2014년), 122-123쪽.

67 피트, 148쪽.

생명을 주는 죽음을 보인 선교사 서서평

68 백춘성, 《조선의 작은 예수 서서평: 천천히 평온하게》(두란노, 2017년), 217-218쪽.

69 위의 책, 223-225쪽.

70 공병호, 《이름 없이 빛도 없이-미국 선교사들이 이 땅에 남긴 것》(공병호연구소, 2018년), 306쪽.

71 위의 책, 302-303쪽.

72 양창삼, 《조선을 섬긴 행복》(Serving the People, 2012년), 365쪽.

73 리 스트로벨, *The Case for Hope*, 정성묵 역, 《불변의 소망》(두란노, 2016년), 131-142쪽.

74 양창삼, 278-279쪽.

75 헨리 나우웬, *Beyond the Mirror*, 윤종석 역, 《거울 너머의 세계》(두란노, 1991년), 44쪽.

76 임희모, "환대의 선교사 서서평(Miss Elisabeth J. Shepping, R.N.)의 무조건적 환대", 장신논단 Vol. 51(1), 85쪽.

십자가의 길을 소망한 순교자 주기철

77 주광조, 《순교자 나의 아버지 주기철 목사님》(UBF출판부, 1997년), 104-106쪽.

78 김인수, 《예수의 양(穌羊) 주기철》(홍성사, 2007년), 217-218쪽.

79 주기철, 《한국 기독교 지도자 강단설교-주기철》(홍성사, 2008년), 46-51쪽. 〈종교시보〉 제3권 8호(1934. 8)에서.

80 주기철, 157쪽.

81 위의 책, 157쪽.

예수 그리스도와 더불어 살며 죽은 본회퍼

82 S. Payne Best, The Venlo Incident. 에릭 메택시스(Eric Metaxas), *Bonhoeffer*, 김순현 역, 《디트리히 본회퍼》(포이에마, 2011년), 759쪽 재인용.

83 ed. Keith Clements, London: 1933-1935, Vol. 13, Dietrich Bonhoeffer Works. 위의 책, 763-765쪽 재인용.

84 디트리히 본회퍼, *Ethik*, 손규태 역, 《윤리학》(대한기독교서회, 2010년), 100쪽.

85 에버하르트 베트게, *Dietrich Bonhoeffer: Eine Biographie*, 김순현 역, 《디트리히 본회퍼》(복있는사람, 2014년), 1293쪽.

86 레나테 베트게(Renate Bethge) 외, *Dietrich Bonhoeffer: a life in pictures*, 정성묵 역, 《디트리히 본회퍼: 사진으로 보는 그의 삶》(가치창조, 2010년), 160쪽.

87 ed. Mark S. Brocker, Conspiracy and Imprisonment: 1940-1945, Vol. 16, Dietrich Bonhoeffer Works. 에릭 메택시스, 551쪽 재인용.

88 위의 책, 552쪽 재인용.

89 ed. John W. DeGruchy, Letters and Papers from Prison, Vol. 8, Dietrich Bonhoeffer Works. 위의 책, 702쪽 재인용.

잠들지 않는 말 세 번째. 사랑

아우구스티누스에게 신앙의 유산을 남긴 어머니 모니카

90 어거스틴, *St. Augustine's Confessions* Ⅰ.Ⅱ., 성한용 역, 《성 어거스틴의 고백록》(대한기독교서회, 1990년), 296쪽.

91 위의 책, 297쪽.

92 위의 책, 297쪽.

93 위의 책, 95쪽.

하나님의 자비를 구하며 기도한 얀 후스

94 Franz Lüetzow, *The Life & Times of Master John Hus.* 사토 마사루, 김소영 역, 《종교개혁 이야기: 프로테스탄트의 시작 종교개혁 이전의 종교개혁가 얀 후스 이야기》(바다출판사, 2016년), 37쪽 재인용.

95 위의 책. 35쪽 재인용.

96 토마시 부타(Tomáš Butta), *SEZNÁMENÍ*, 이종실 역, 《체코 종교개혁자 얀 후스를 만나다》(동연, 2015년), 29쪽.

97 야마나카, 《후시텐운동의 연구-종교개혁전사의 고찰》. 위의 책, 46쪽 재인용.

98 마르틴 루터, 《탁상 담화》, 326쪽. 안톤 라우터바흐와 히에로니무스 벨러(Jerome Weller)에 의해 기록된 탁상 담화(NO.3522, 1537년 1월 1일부터 14일 사이에).

99 얀 후스, 《교회에 대하여》. 사토 마사루, 66-67쪽 재인용.

100 토마시 부타, 30-31쪽.

위대한 왕의 음성을 들은 찰스 스펄전

101 톰 네틀즈(Tom Nettles), *Living by Revealed Truth*, 김재모 역, 《스펄전 평전》(부흥과개혁사, 2013년), 1041쪽. Charles Spurgeon, 〈칼과 삽〉(the Sword and the Trowel) 1892년 3월호에서. 〈칼과 삽〉은 스펄전이 편집하여 월 단위로 발행한 뒤, 일 년 단위로 묶은 잡지입니다. 여기에는 스펄전의 설교와 해석, 서평, 다른 사람이 집필한 기고문, 선교 및 전도에 대한 소식, 교리 관련 논고, 메트로폴리탄 타버나클 교회의 월간 동정을 실었습니다.

102 위의 책, 1032-1033쪽.

103 위의 책, 1023쪽. 〈칼과 삽〉 1892년 2월호에서.

104 스펄전, *Treasury of the Bible*, 박문재 역, 《스펄전 설교 전집 11》(크리스천다이제스트, 2014년), 327-330쪽.

105 위의 책, 344-348쪽.

106 스펄전, *Treasury of the Bible*, 박문재 역, 《스펄전 설교 전집 7》(크리스천다이제스트, 2014년), 487-488쪽.

107 Charles Spurgeon, Autobiography. 톰 네틀즈, 77쪽 재인용.

108 위의 책, 1035쪽. 〈칼과 삽〉 1890년 6월호에서.

109 G. Holden Pike, Charles Haddon Spurgeon. 위의 책, 1005쪽 재인용.

끝까지 사랑한 선교사 호러스 언더우드

110 최재건, 《언더우드의 대학설립-그 이상과 실현》(연세대학교출판문화원, 2012년),
iii쪽.

111 공병호, 《이름 없이 빛도 없이-미국 선교사들이 이 땅에 남긴 것》(공병호연구소,
2018년), 204-205쪽.

112 릴리어스 호턴 언더우드(Lillias Horton Underwood), Underwood of Korea, 이만열
역, 《언더우드》(IVP, 2015년), 357쪽.

113 서정민, 《언더우드家 이야기》((주)살림출판사, 2005년), 179쪽.

114 연세대학교 언더우드기념사업회 엮음, 《언더우드의 마지막 메시지》
(신앙과지성사, 2016년), 18쪽.

115 위의 책, 147-148쪽.

116 릴리어스 호턴 언더우드, 20쪽.

117 위의 책, 363-364쪽.

목숨을 다한 사랑의 수고 손양원

118 손동희, 《나의 아버지 손양원 목사》(아가페, 2005년), 304쪽.

119 안용준, 《사랑의 원자탄》(성광문화사, 2009년), 448쪽.

120 애양원교회, 《손양원 목사의 옥중서신》(대한기독교서회, 2017년), 186-187쪽.

121 위의 책, 187쪽.

122 애양원은 윌슨 박사(D. R, Wilson)가 1909년 광주 양림에서 9명의 한센병 환자들을
돌보면서 시작한 수용시설이었습니다. 이후 점차 환자들이 많아져 1925년 현재
위치인 전남 여천군 율촌면 신풍리로 이전했습니다.

123 안용준, 162쪽.

124 위의 책, 164-165쪽.

125 손동희, 239쪽.

126 위의 책, 239쪽.

127 라은성, 《이것이 교회사다: 진리의 보고》(페텔, 2012년), 122쪽.

128 안용준, 349-350쪽.

129 손양원 목사가 청주 보호교도소에서 1944년 5월 8일 아내 정양순에게 보낸 편지에
보면 주기철 목사의 부음을 듣고 놀라 천지가 노랗게 보이고 손발이 떨렸다고 합니다.
그러면서 노모님과 아주머니께 조문과 위로를 전해 주기를 간절히 부탁하며 병명은
무엇이고, 별세는 자택에서 했는지 옥중에서 했는지 알려 달라고 쓰고 있습니다.

(사)손양원정신문화계승사업회 간행, 《손양원의 옥중서신》(넥서스CROSS, 2015년), 105쪽.

130   안용준 편, 《산돌 손양원 목사 설교집(상)》(신망애사, 1969년), 106쪽.

131   손동희, 320쪽.

온전한 섬김으로 모든 것을 내어 준 의사 장기려

132   지강유철, 《장기려, 그 사람》(홍성사, 2007년), 522쪽.

133   한국고등신학연구원, 《예수의 인격을 흠모한 장기려》(한국고등신학연구원, 2013년), 340쪽.

134   위의 책, 58-63쪽. 그는 성경공부와 성경강연 모임인 부산모임을 1956년 시작하고, 이 모임의 강연과 글을 담은 〈부산모임〉을 1957년부터 1988년까지 격월로 발행했습니다.

135   위의 책, 69-70쪽.

136   위의 책, 523쪽.

137   지강유철, 526쪽.

인생이 잠들기 전에 쓰는 말
The Last Word

지은이 박인조
펴낸곳 주식회사 홍성사
펴낸이 정애주
국효숙 김경석 김의연 김준표 박혜란
오민택 임영주 주예경 차길환 허은
2021. 1. 4. 초판 1쇄 인쇄 2021. 1. 8. 초판 1쇄 발행

등록번호 제1-499호 1977. 8. 1.
주소 (04084) 서울시 마포구 양화진4길 3 전화 02) 333-5161 팩스 02) 333-5165
홈페이지 hongsungsa.com 이메일 hsbooks@hongsungsa.com
페이스북 facebook.com/hongsungsa
양화진책방 02) 333-5161

ISBN 978-89-365-0372-7 (03230)